vicariam dicte ecclesie est admissus, et in eadem, etc.; que consistit in toto alteragio preter linum; et ipsi Prior et conventus procurabunt hospitium Archidiaconi, et cetera onera, tam ordinaria quam extraordinaria, in perpetuum sustinebunt, et providebunt de tofto. Et est vicaria iiij marcarum.

[Ralph de Lissinton, chaplain, presented by the said Prior and Convent of Sixhills, is instituted vicar of Market Rasen. The vicarage is described.]

Est Rasne.—(vij marcarum). Radulphus de Lissinton, capellanus, presentatus per dictos Priorem et conventum de Sixle, ad perpetuam vicariam dicte ecclesie, est admissus, et in eadem, etc.; que consistit in toto alteragio preter linum tempore hujus assignationis, et in decimis garbarum duarum bovatarum terre quas Willelmus de Derby tenet in eadem villa; et preterea vicarius habebit decem solidos annuatim de dictis Priore et conventu de Sixle; et ipsi Prior et conventus procurabunt hospitium Archidiaconi, et cetera onera, tam ordinaria quam extraordinaria, in perpetuum sustinebunt, et providebunt de tofto. Et est vicaria fere iiij marcarum.

[Andrew de Normaneby, chaplain, presented by the said Prior and Convent of Sixhills, is instituted vicar of North Willingham. The vicarage is described.]

Wivelingeham.—(xiv marcarum). Andreas de Normaneby, capellanus, presentatus per predictos Priorem et conventum de Sixle ad perpetuam vicariam dicte ecclesie, est admissus, et in eadem, etc.; que consistit in toto alteragio preter linum, et in decimis omnium croftorum ejusdem ville tempore hujus assignationis, reddendo annuatim dictis Priori et conventui duas marcas; et ipsi Prior et conventus procurabunt hospitium Archidiaconi, et cetera onera, tam ordinaria quam extraordinaria, in perpetuum sustinebunt, et providebunt vicario de tofto. Et est vicaria lx solidorum.

[Mem. 1 of roll 2.]

PRIMA PARS ROTULI INCLUSI.

[Alan de Tevelesby, chaplain, presented by the said Prior and Convent of Sixhills, is instituted vicar of Tealby. The vicarage is described.]

Tevelesb'.—(xx marcarum). Alanus de Tevelesby, capellanus, per dictos Priorem et conventum de Sixle ad perpetuam vicariam dicte ecclesie presentatus, est admissus, et in ea canonice vicarius perpetuus institutus; que consistit in toto alteragio preter linum, reddendo inde annuatim dictis Priori et conventui v marcas et

dimidiam ; et ipsi Prior et conventus procurabunt hospitium Archidiaconi, et cetera onera, tam ordinaria quam extraordinaria, sustinebunt, et providebunt de tofto. Et est vicaria v marcarum.

[*Robert de Skendelby, chaplain, presented by the aforesaid Prior and Convent, is
instituted vicar of Saleby. The vicarage is described.*]

SALESBY.—(x marcarum). Robertus de Skendelby, capellanus,
ad perpetuam vicariam dicte ecclesie per predictos Priorem et
conventum presentatus, est admissus, et in ea canonice, etc. ; que
consistit in toto altaragio, cum tofto assignando ; et Prior et conventus procurabunt hospitium Archidiaconi, et cetera onera, etc.
Et est vicaria iiij marcarum et amplius.

[*Alexander de Wicam, chaplain, presented by the aforesaid Prior and Convent of
Sixhills, is instituted vicar of East Wickham. The vicarage is described.*]

ESTWICCAM.—(v marcarum). Alexander de Wicam, capellanus,
per predictos Priorem et conventum de Sixle ad perpetuam vicariam
dicte ecclesie de Est Wicam presentatus, est admissus, et in ea
canonice, etc. ; que consistit in tota ecclesia preter linum, reddendo
inde annuatim dictis Priori et conventui duas marcas ; et ipsi Prior
et conventus procurabunt hospitium Archidiaconi, et cetera onera,
etc., et providebunt de tofto. Et est vicaria iij marcarum et
dimidie.

[*Cadeby was ordained long since.*]

CATEBY jamdudum ordinata est per Magistrum R. de Cestr'
tunc Officialem, ut in rotulo cartarum anni noni a tergo.

[*The vicarage of West Wickham is described.*]

WEST WICAM.—(c solidorum). Vicarius habebit nomine vicarie
totum altaragium, et habebit de medietate Prioris et conventus de
Sixle quindecim solidos certis terminis recipiendos, et tantundem
recipiet de medietate Prioris et conventus de Markeby ; et Priores
procurabunt hospitium Archidiaconi, et cetera onera, etc., et providebunt de tofto. Et est vicaria trium marcarum et dimidie. Ipsi
Priores nondum presentaverunt. Verte folium. [*On the dorse :—*]
Prior et conventus de Markeby concedunt de sua medietate ecclesie
de West Wickam Willelmo vicario, presentato per eosdem, omnes
oblationes et obventiones hominum suorum in eadem villa manen-
tium, et preterea decimam bladi de duabus bovatis terre, scilicet xviij
acris quas Ricardus de Binebroc colit in eadem villa, et de quatuor
acris quas Aduina, filia Gode', excolit ibidem quolibet anno ei tempore autumpni percipiendam, et v solidos quos ei ad festum Sancti
Botulphi dabunt de camera sua.

[*Robert de Hakethorn, chaplain, presented by the Prior and Convent of Bullington, is instituted vicar of West Torrington. The vicarage is described.*]

WEST TIRRINTON.—(c solidorum). Robertus de Hakethorn, cappellanus, ad perpetuam vicariam dicte ecclesie per Priorem et conventum de Bullinton presentatus, est admissus, etc. ; que consistit in toto altaragio preter linum, et in decimis omnium croftorum, et in decimis garbarum quatuor bovatarum terre in eadem villa, quas quatuor bovatas tenent Thomas Musteil et Thomas filius Hulle; scilicet, Thomas Musteil tres bovates, et Thomas filius Hulle tenet unam bovatam, que bovate vicario sunt assignate; et dicti Prior et conventus procurabunt hospitium Archidiaconi, et cetera onera in perpetuum sustinebunt, et providebunt vicario de tofto. Et est vicaria trium marcarum et dimidie.

[*Audoenus, chaplain, presented by the Prior and Convent of Bullington, has charge of Langton-by-Wragby. The vicarage is described.*]

LANGETON.—Audoenus, cappellanus, ad perpetuam vicariam dicte ecclesie per dictos Priorem et conventum de Bullinton presentatus, habet custodiam ; que consistit in toto altaragio cum tofto assignando ; et ipsi Prior et conventus procurabunt hospitium Archidiaconi, et cetera onera, etc. Et est vicaria quinque marcarum.

[*Humphrey de Freskena', chaplain, presented by the Priors and Convents of Bullington, and the Hospital at Lincoln, is instituted vicar of Friskney. The vicarage is described.*]

FRESKENAY.—(xl marcarum). Humfridus de Freskena', capellanus, ad perpetuam vicariam dicte ecclesie per Priores et conventus de Bullington et de Hospitali Lincolnie presentatus, est admissus, etc.; que consistit in toto altaragio preter sal, cum domibus sitis juxta ecclesiam, et cum una roda terre ad curtilagium, reddendo inde annuatim predictis Prioribus et conventubus x marcas argenti; et ipsi Priores et conventus procurabunt hospitium Archidiaconi, et cetera onera, etc. Et est vicaria c solidorum.

[*Geoffrey de Brunne, chaplain, presented by the Prior and Convent of Bullington, is instituted vicar of Bullington. The vicarage is described.*]

BULLINT'.—(c solidorum). Galfridus de Brunne, capellanus, ad perpetuum vicariam dicte ecclesie per dictos Priorem et conventum de Bullinton presentatus, est admissus, etc.; que consistit in toto altaragio preter linum, et preter exitus decimarum curie domini Philippi de Kima apud Golthawe, et in decimis garbarum octo bovatarum terre quas Adam Staite, Martinus, Ricardus filius Aumundi, Gilbertus filius Agnetis, Willelmus Stalke, Willelmus filius Warini, Ricardus Mercer, Adam filius Radulfi Pistoris tenent, et in x solidis annuatim de dictis Priore et conventu percipiendis; et ipsi Prior et conventus procurabunt hospitium Archidiaconi, et cetera onera, etc.; et providebunt de tofto. Et est vicaria iij marcarum et dimidie.

[*Simon de Sudton, chaplain, presented by the Prior and Convent of Bullington, is instituted vicar of Winthorpe. The vicarage is described.*]

WINTHORP.—(xxxiv marcarum). Simon de Sudton, cappellanus, per Priorem et conventum de Bullinton ad perpetuam vicariam dicte ecclesie presentatus, est admissus, etc.; que sic est ordinata: vicarius habebit mansum competens et bonum, et sex quarteria frumenti paccabilis, et tria quarteria ordei paccabilis annuatim; panem etiam de altari, oblationes in majoribus solempnitatibus, obventiones in confessione, secundum legatum, pro sponsalibus j*d.*, pro corpore presenti j*d.*; habebit autem vicarius ad vestitum suum annuatim unam marcam de dictis Priore et conventu; et ipsi Prior et conventus invenient dicto vicario clericum idoneum in expensis suis propriis, et procurabunt hospitium Archidiaconi et cetera onera, etc., et providebunt de tofto. Et valet vicaria circiter vij marcas.

[*Alan de Oggestorp, chaplain, presented by the said Prior and Convent of Bullington, is instituted vicar of Burgh. The vicarage is described.*]

BURG.—Allanus de Oggestorp, capellanus, ad perpetuam vicariam dicte ecclesie per dictos Priorem et conventum de Bullinton presentatus, est admissus, etc.; que sic ordinata est: vicarius habebit capellanum socium, et habebit annuatim tresdecim quarteria frumenti paccabilis, et sex quarteria ordei paccabilis, et duas marcas per annum, et dicti Prior et conventus invenient clericum idoneum in expensis propriis; et habebit vicarius panem de altari, oblationes in majoribus solempnitatibus, obventiones in confessionibus, secundum legatum, pro sponsalibus j*d.*, pro corpore presenti j*d.*; et ipsi Prior et conventus procurabunt hospitium Archidiaconi et cetera onera, et providebunt de tofto. Et valet circiter ix marcas.

[*Adam de Keddington is admitted vicar of the churches of Alvingham and North Cockerington. The vicarage is described.*]

ALVINGEHAM (x marcarum) ET COCRINTON STE MARIE (xv marcarum).—Sciendum est quod iste due matrices ecclesie site sunt in uno et eodem cimiterio infra septa prioratus de Alvingeham, et semper consueverunt deserviri per unum capellanum, et per unum canonicum prioratus. Provisum est etiam, ex gratia domini

Episcopi, quod unus vicarius preficiatur ibidem, et habeat curam
animarum in utraque parochia, et nomine vicarie percipiat sex
quarteria frumenti paccabilis, et tria quarteria ordei paccabilis, et
habeat unam marcam argenti per annum de dictis Priore et conventu, oblationes in majoribus solempnitatibus, scilicet ij*d.* die
Omnium Sanctorum, die Natalis sex, de die Pasce iv*d.*, diebus fes-
torum ecclesiarum ij*d.*, pro corpore presenti j*d.*, in utraque parochia;
quicunque celebraverit missam pro sponsalibus j*d.*, quicunque
celebraverit missam in utraque parochia, denarios ex confessionibus
in utraque parochia, secundum legatum ex utraque parochia; et
ipsi Prior et conventus procurabunt hospitium Archidiaconi, et
cetera onera, tam ordinaria quam extraordinaria, de dictis duabus
matricibus ecclesiis sustinebunt in perpetuum, et insuper invenient
vicario diaconum idoneum in propriis expensis, et mansum bonum
et competens. Adam de Keddinton ad predictam vicariam sic
ordinatam admissus est. Et valet vicaria vj marcas.

[*Nicholas de Burcestre, presented by the Prior and Convent of Alvingham, is
instituted vicar of South Cockerington. The vicarage is described.*]

COCRINTON ST. LEONARDE.—(c solidorum). Nicholas de
Burcestre ad perpetuam vicariam dicte ecclesie per dictos Priorem
et conventum de Alvingeham presentatus, est admissus, etc.; que
consistit in toto altaragio preter linum, et in uno quarterio frumenti,
et in uno quarterio ordei paccabilis de dictis Priore et conventu annuatim recipiendis; reddendo inde annuatim dictis Priori et conventui
duodecim denarios; et ipsi Prior et conventus procurabunt hospitium
Archidiaconi, et cetera onera, etc., et providebunt de tofto. Et est
vicaria trium marcarum et eo amplius.

[*Alan de Keddinton, chaplain, presented by the said Prior and Convent of Alvingham, is instituted vicar of Keddington. The vicarage is described.*]

KEDDINTON.—(x marcarum). Alanus de Keddinton, cappellanus, ad perpetuam vicariam dicte ecclesie per dictos Priorem et
conventum de Alvingeham presentatus, est admissus, etc.; que
consistit in toto altaragio preter linum, reddendo inde annuatim
dictis Priori et conventui duodecim denarios; et ipsi Prior et
conventus invenient toftum, et procurabunt hospitium Archidiaconi,
et cetera onera, etc. Et est vicaria quatuor marcarum.

[*Gilbert de Sixle, chaplain, presented by the aforesaid Prior and Convent of
Alvingham, is instituted vicar of Little Cawthorpe. The vicarage is described.*]

CALETHORP.—(iv marcarum). Gilebertus de Sixle, capellanus,
ad perpetuam vicariam dicte ecclesie per predictos Priorem et con-

ventum de Alvingeham presentatus, est admissus, etc.; que consistit in tota ecclesia, cum quodam tofto edificato juxta ecclesiam, preter decimas dominici domus de Alvingeham in eadem villa tempore hujus assignationis, et excepta terra, si qua pertineat ad dictam ecclesiam de Caletorp; reddendo inde annuatim dictis Priori [et conventui] de Alvingeham duodecim denarios; et ipsi Prior et conventus procurabunt hospitium Archidiaconi, et cetera onera, etc. Et est vicaria trium marcarum.

[Giles de Lincolnia, chaplain, presented by the Prior and Convent of Ormsby, is instituted vicar of North Ormsby. The vicarage is described.]

ORMESBY.—(iv marcarum). Egidius de Lincolnia, capellanus, ad perpetuam vicariam dicte ecclesie per Priorem et conventum de Ormesby presentatus, est admissus, etc.; que sic ordinata est; vicarius habebit per annum sex quarteria et dimidium frumenti paccabilis, unam marcam argenti, oblationes in majoribus sollempnitatibus, obventiones de confessionibus, secundum legatum, pro sponsalibus j*d.*, pro corpore presenti j*d.*; et ipsi Prior et conventus invenient clericum idoneum in propriis expensis, et procurabunt hospitium Archidiaconi, et cetera onera, etc., et providebunt de tofto. Et valet vicaria iiij marcas.

[Harvey de Welleton, chaplain, presented by the said Prior and Convent, is instituted vicar of Utterby.]

UTTERBY.—(c solidorum). Harvicus de Welleton, capellanus, ad perpetuam vicariam dicte ecclesie per dictos Priorem et conventum presentatus, est admissus, etc.; que vicaria simili modo est ordinata ut vicaria de Ormesby; et valet iiij marcas.

[Henry de Welleton, chaplain, presented by the said Prior and Convent, is instituted vicar of Fotherby.]

FETTEBY.—(x marcarum). Henricus de Welleton, capellanus, ad perpetuam vicariam dicte ecclesie per dictos Priorem et conventum presentatus, est admissus, etc.; et vicaria eodem et simili modo ordinata est ut vicaria de Ormesby; et valet iv marcas.

[Simon de Otoft, chaplain, presented by the said Prior and Convent, is instituted vicar of Little Grimsby. The vicarage is described.]

PARVA GRIMSBY.—(vi marcarum). Simon de Otoft, capellanus, ad perpetuam vicariam dicte ecclesie per dictos Priorem et conventum presentatus, est admissus, etc.; que consistit in toto alteragio, et in sex quarteriis et dimidio frumenti paccabilis et in dimidia marca argenti de dictis Priore et conventu annuatim percipienda;

et ipsi Prior et conventus invenient propriis expensis clericum idoneum, et procurabunt hospitium Archidiaconi, et cetera onera, etc. ; et providebunt de tofto. Et est vicaria fere iij marcarum.

[Mem. 2 of roll 2.]

[*Simon, chaplain, presented by the said Prior and Convent of Ormsby, is instituted vicar of South Elkington. The vicarage is described.*]

SUDHELKINTON.—(xvj marcarum). Simon, capellanus, ad perpetuam vicariam dicte ecclesie per dictos Priorem et conventum de Ormesby presentatus, est admissus, etc. ; que consistit in toto alteragio preter linum, et in dimidia marca argenti de dictis Priore et conventu annuatim percipienda ; et ipsi Prior et conventus invenient toftum, et procurabunt hospitium Archidiaconi, et cetera onera, etc. Et est vicaria iiij marcarum et eo amplius.

[*The mediety of Grimoldby is described.*]

GRIMOLBY.—(totalis ecclesia valet xij marcas). Medietas est eorundem Prioris et conventus de Ormesby ; et provisum est quod vicarius, per dictos Priorem et conventum presentandus, habeat medietatem alteragii sui preter linum, que medietas valet xxiij solidos, et preterea habeat idem vicarius unum quarterium frumenti paccabilis de dictis Priore et conventu ; et ipsi Prior et conventus providebunt de tofto et procurabunt hospitium Archidiaconi, et sustinebunt cetera onera contingentia dictam eorum medietatem. Et valet totalis vicaria iiij marcas.

ECCLESIE ABBATIS ET CONVENTUS DE BRUNNE.

[*Geoffrey de Brunne, chaplain, presented by the Abbot and Convent of Bourne, is instituted vicar of Bourne. The vicarage is described.*]

BRUNNE.—Galfridus de Brunne, capellanus, ad perpetuam vicariam dicte ecclesie per Abbatem et conventum de Brunne presentatus, est admissus ; que sic ordinata est : vicarius habebit sufficientem exhibitionem quoad victum, et ad mensam canonicorum ut vicarius secularis, et garcio ejus similiter habebit exhibitionem ei competentem ; habebit etiam vicarius equum suum ad foragium dicte domus de Brunne, et si quo quam pro negotiis ecclesie iturus sit, habebit prebendam secundum facultates domus ; habebit autem ad vestitum suum viginti solidos annuatim, oblationes in majoribus sollempnitatibus anni, et pro sponsalibus j*d.*, pro corpore presenti j*d.*, et secundum legatum ; toftum autem habebit infra abbatiam juxta portam ; et ipsi Abbas et conventus procurabunt hospitium Archidiaconi, et cetera onera, etc., et invenient vicario diaconum sumptibus abbatie. Et est vicaria vj marcarum.

[*Robert de Morton, chaplain, presented by the said Abbot and Convent, has the custody of the vicarage of Morton. The vicarage is described.*]

MORTON.—Robertus de Morton, capellanus, ad perpetuam vicariam dicte ecclesie per dictos Abbatem et conventum presentatus, habet custodiam ; que consistit in toto alteragio, reddendo inde annuatim prenominatis Abbati et conventui triginta solidos ; et ipsi Abbas et conventus procurabunt hospitium Archidiaconi, et cetera onera, etc., preter sinodalia, que vicarius tantummodo solvet annuatim ; et ipsi Abbas et conventus providebunt de tofto. Vicaria est quinque marcarum.

[*William de Berrham, chaplain, presented by the said Abbot and Convent, is instituted vicar of Barholme. The vicarage is described.*]

BERRHAM.—Willelmus de Berrham, capellanus, ad perpetuam vicariam dicte ecclesie per dictos Abbatem et conventum presentatus, est admissus, etc. ; que consistit in toto alteragio, et in quinque quarteriis frumenti paccabilis, et in uno quarterio ordei paccabilis, et in uno quarterio avene paccabilis, annuatim de dictis Abbate et conventu percipiendis ; et ipsi Abbas et conventus procurabunt hospitium Archidiaconi, et cetera onera in perpetuum sustinebunt, preter sinodalia que vicarius solvet annuatim, et providebunt de tofto. Et est vicaria quatuor marcarum.

[*The vicarage of Stowe is described.*]

STOWA.—Vicarius habebit nomine vicarie totam ecclesiam de Stowa, solvendo inde annuatim dictis Abbati et conventui de Brunne xxiiij solidos; et ipse vicarius sustinebit omnia onera in perpetuum. Ipse Abbas nondum presentavit aliquem ad dictam vicariam.

[*The vicarage of Bitchfield is described.*]

BILLESFELD EST EORUNDEM ABBATIS ET CONVENTUS.— Vicarius habebit nomine vicarie totum alteragium, et tria quarteria frumenti paccabilis, et unum quarterium ordei paccabilis, et unum quarterium avene paccabilis, annuatim de dictis Abbate et conventu percipienda ; et ipsi Abbas et conventus omnia onera episcopalia et archidiaconalia in perpetuum sustinebunt, et providebunt de tofto. Dicti Abbas et conventus nondum presentaverunt aliquem ad dictam vicariam. Et est vicaria trium marcarum et dimidie.

———

ECCLESIE ABBATIS ET CONVENTUS DE NEWHUS.

[*The vicarage of Killingholme is described. Matthew is in charge.*]

KILINGHOLM.—Vicaria consistit in toto alteragio, exceptis decimis agnorum et lane, butiro, caseo et primo legato; et vicarius tantummodo solvet sinodalia, et inveniet luminaria, et ipsi Abbas et conventus procurabunt hospitium Archidiaconi, et cetera onera, tam ordinaria quam extraordinaria, in perpetuum sustinebunt, et providebunt de tofto. Matheus, capellanus, ad eandem presentatus, habet custodiam. Et est tunc vicaria sex marcarum.

[*The vicarage of Haburgh is described. Nicholas de Haburg is instituted vicar.*]

HABURG.—Vicaria consistit in toto altaragio, exceptis decimis lane et medietate decime agnorum. Et ipsi Abbas et conventus solvent sinodalia, et procurabunt hospitium Archidiaconi, et omnia alia onera in perpetuum sustinebunt. Habebit autem vicarius toftum in quo modo residet. Nicholaus de Haburg, capellanus, ad eandem presentatus, est admissus, etc. Et est tunc vicaria lx solidorum.

[*The vicarage of Kirmington is described. Robert de Kerninton is instituted vicar.*]

KIRNINTON.—Vicaria consistit in toto alteragio, reddendo ipsis Abbati et conventui annuatim viginti solidos, scilicet ad festum Sancti Botulfi x solidos, et ad festum Sancti Martini x solidos, et vicarius solvet tantummodo sinodalia, et dicti Abbas et conventus procurabunt hospitium Archidiaconi, et omnia alia onera in perpetuum sustinebunt. Habebit autem vicarius toftum pertinens ad ecclesiam in quo vicarius modo manet. Robertus de Kerninton, capellanus, ad eandem presentatus, est admissus, etc. Et est tunc vicaria quinque marcarum.

[*The vicarage of East Halton is described. Hugh de Lincolnia is instituted vicar.*]

HALTON.—Vicaria consistit in toto alteragio, exceptis decimis lane et agnorum, butiro et caseo, et primo legato, et vicarius solvet tantummodo sinodalia; et ipsi Abbas et conventus procurabunt hospitium Archidiaconi, et omnia alia onera in perpetuum sustinebunt, et providebunt de tofto. Hugo de Lincolnia, capellanus, ad eandem presentatus, est admissus, etc. Et est tunc vicaria v marcarum et dimidie.

Predicti Abbas et conventus de Newhus excipiunt in omnibus ecclesiis suis, decimas nutrimentorum animalium suorum, feni, molendinorum, et salis.

[*Brocklesby is in four portions. A vicarage has not yet been ordained.*]

BROCLOSBY.—Quedam pars est dictorum Abbatis et conventus; altera pars Abbatis et conventus de Thuppeholm, et una pars est Magistri Gilberti de Kent, et altera pars est cujusdam alterius clerici. Et idcirco ista vicaria nondum est ordinata. Licet aliter in originali.

ECCLESIE ABBATIS DE THUPPEHOLM.

[*Walter de Horsinton, chaplain, presented by the same Abbot and Convent, is instituted vicar of Burreth. The vicarage is described.*]

BURRED'.—Walterus de Horsinton, capellanus, ad perpetuam vicariam dicte ecclesie de Burred' per eosdem Abbatem et conventum presentatus, est admissus, etc.; que consistit in toto altaragio, et in xx solidis annuatim de dictis Abbate et conventu percipiendis, scilicet, ad festum Sancti Martini x solidis, et ad Pentecosten x solidis. Habebit autem idem vicarius duas partes tofti pertinentis ad ecclesiam; et ipse vicarius inveniet clericum, et predicti Abbas et conventus procurabunt hospitium Archidiaconi, et omnia alia onera in perpetuum sustinebunt, et etiam libros et ornamenta ecclesie invenient. Et est vicaria trium marcarum et dimidie.

[*Robert, chaplain, presented by the said Abbot and Convent, is instituted vicar of Market Stainton. The vicarage is described.*]

STEINTON.—Robertus, capellanus, per dictos Abbatem et conventum ad perpetuam vicariam dicte ecclesie de Steanton presentatus, est admissus, etc.; que consistit in toto altaragio, preter decimas agnorum et medietatem lane. Habebit autem vicarius duas partes tofti pertinentis ad ecclesiam, et inveniet clericum; et ipsi Abbas et conventus procurabunt hospitium Archidiaconi, et omnia alia onera, tam ordinaria quam extraordinaria, in perpetuum sustinebunt, et etiam libros et ornamenta ecclesie invenient. Et est vicaria iiij marcarum.

[*Richard de Randeb', chaplain, presented by the said Abbot and Convent, is instituted vicar of Ranby. The vicarage is described.*]

RANDEB'.—Ricardus de Randeb', capellanus, per dictos Abbatem et conventum ad perpetuam vicariam dicte ecclesie presentatus, est admissus, etc.; que sic ordinata est: vicarius erit ad mensam dictorum Abbatis et conventus ut vicarius secularis, et habebit oblationes in principalibus festis anni, scilicet die Natalis Domini iiij*d.*, die Pasche ij*d.*, die Omnium Sanctorum j*d.*, die dedicationis ecclesie j*d.*, et habebit secundum legatum. Habebit autem xx solidos annuatim ad vestitum suum de dictis Abbate et conventu percipiendos, scilicet ad festum Sancti Martini x solidos, et ad Pentecosten x solidos. Et ipsi Abbas et conventus invenient vicario clericum idoneum, et procurabunt hospitium Archidiaconi, et cetera onera in perpetuum sustinebunt.

[*William de Rasne, presented by the said Abbot and Convent, is instituted vicar of Middle Rasen.*]

MEDIA RASNE.—Willelmus de Rasne, capellanus, presentatus per dictos Abbatem et conventum ad predictam vicariam dicte ecclesie de Media Rasne, est admissus, etc. ; que vicaria consistit in toto altaragio, excepta decima agnorum et lane. Habebit etiam vicarius toftum quod fuit Willelmi de Welleton versus orientem ecclesie, et inveniet sibi clericum idoneum, et respondebit de denario Beati Petri, quem idem vicarius colliget. Et ipsi Abbas et conventus procurabunt hospitium Archidiaconi, et solvent synodalia, et omnia alia onera in perpetuum sustinebunt. Et est tunc vicaria lx solidorum.

———

[*The vicarage of Minting is not yet ordained.*]

MINTINGES que est Prioris de Mintinges nondum est ordinata.

———

[*Reginald de Trikingham, chaplain, presented by the Hospital of St. Lazarus of Burton, is instituted vicar of Threckingham.*]

TRIKINGEHAM.—Reginaldus de Trikingeham, capellanus, presentatus per fratres Sancti Lazari de Barton ad perpetuam vicariam dicte ecclesie de Trikingeham, est admissus, etc. ; que consistit in toto altaragio absque aliqua diminutione, cum tofto in quo modo vicarius residet, et ipsi fratres Sancti Lazari procurabunt hospitium Archidiaconi, et sustinebunt in perpetuum omnia alia onera preter synodalia, que vicarius solvet tantummodo annuatim. Et valet vicaria v marcas et eo amplius.

———

ECCLESIE PRIORIS DE BELVERO.

[*William de Tallinton, chaplain, presented by the Prior and Convent of Belvoir, is instituted vicar of Tallington.*]

TALLINTON.—Willelmus de Tallinton, capellanus, presentatus per Priorem et conventum de Belvero ad perpetuam vicariam dicte ecclesie de Tallinton, est admissus, etc. ; que consistit in toto altaragio, solvendo inde annuatim dictis Priori et conventui xxiiij solidos; et ipsi Prior et conventus procurabunt hospitium Archidiaconi, et omnia alia onera in perpetuum sustinebunt preter synodalia, que idem vicarius solvet annuatim. Habebit etiam vicarius toftum in quo modo residet.

[*Roger de Lundeltorp, chaplain, presented by the said Prior and Convent of Belvoir, is instituted vicar of Aubourn.*]

AUBURN.—Rogerus de Lundeltorp, capellanus, presentatus per dictos Priorem et conventum de Belvero ad perpetuam vicariam dicte ecclesie de Auburn, est admissus, etc. ; que consistit in toto altaragio cum tofto assignando, et ipsi Prior et conventus procurabunt hospitium Archidiaconi, et omnia alia onera in perpetuum sustinebunt preter synodalia, que idem vicarius solvet annuatim.

[*The vicarage of Caukwell is described. William de Calkewell has been acting as chaplain.*]

CALKEWELL QUE EST PRIORIS DE NOKETON.—Vicaria consistit in toto altaragio et in una marca assignanda in decimis garbarum ejusdem ville. Willelmus de Calkewell, capellanus, ut vicarius per longum tempus ministravit in eadem.

[*The vicarages of Edenham and Bamburg are not yet ordained.*]

HEDDENHAM ET BAMBURG, que sunt Prioris et conventus de Bridlinton nondum sunt ordinate.

["LIBER ANTIQUUS", *which is more or less parallel with the foregoing roll, appends the following vicarages :*—Witham, Spalding, Kaburn, Swinhamsted, Alford, Katteb', Westravendal, Langetoft, Thorp, pro duabus partibus ecclesie de Staynton. *The last three are in later hands. There was evidently another membrane which is now missing.*]

[*On a separate membrane at the end of the roll :*—]

[*Churches, pensions and rents granted by Bishop Hugh to the regular clergy.*]

Ecclesie, pensiones, et redditus concessi in proprios usus viris religiosis per Dominum H. secundum, Lincolniensem Episcopum.

Canonicis hospitalis Lincolnie: ecclesia de Auford', anno x°; cappella de Riggeby, ecclesie de Marton' [et] Niweton', anno quinto.

Monialibus de Sixle: ecclesiam de Kateby, anno xij°.

Monialibus de Avingeham' : tres marcas de ecclesia de Gerduntorp', anno ix°.

Priorisse et conventui de Steinfeld' : viginti solidos annuos de ecclesia de Cheuremunt', anno sexto.

Canonicis de Novo Loco, ordinis de Sempingeham' : medietas ecclesie de Bernetteby, anno x°.

Canonicis de Tuppeholm' : advocatio ecclesie de Stratton', anno sexto.

Monialibus de Haverholm' : tota ecclesia de Amewic', preter sextam portionem, anno ix°.

Monialibus de Sempingeham' : ecclesia de Billingburg', anno ix°.

Monialibus de Bulington' : ecclesiam de Spridlington', anno x°.

Monialibus de Cukeresand' : unam marcam in ecclesia de Estwic', anno x°.

Canonicis de Huntendon' : de ecclesia de Opford' quinquaginta solidos anno quinto; medietatem ecclesie de Stok', anno ix°.

Canonicis de Thor' : ecclesia de Scitebroc, anno sexto.

Hospitali de Einho Oxonie: capellam de Croulton', anno sexto.

Abbati et conventui Sancti Jacobi Norhamptonie : ecclesia de Horton', anno sexto; totas decimas xxx^{ta} virgatarum de dominico Walteri de Patteshull' et pomerium et medietatem terre arabilis ad ecclesiam de Trop' pertinentia, anno ix°.

Monialibus de Harewode : sedecim marcas annuas in ecclesia de Stiventon', anno vj°.

Abbati et conventui de Brunna : ecclesia de Billeffeld', anno sexto.

Priori et conventui de Kaldewell' : tres marce de ecclesia de Messeworth', anno sexto, et totam ecclesiam post decessum Magistri Ricardi, nunc rectoris ejusdem, preter parvam vicariam.

Priori et canonicis de Esseby : tres marce de ecclesia de Morton', anno sexto.

Priori et canonicis de Bernecestria : quinque marce annue de ecclesia de Parva Messenden', anno sexto.

Priori et conventui de Norton' : quatuor marce de ecclesia de Dunington', anno sexto.

Fratribus Militie Templi : tres marce annue de ecclesia de Northkarl', anno sexto; decem marce annue de ecclesia de Cattorp'.

Priorisse et monialibus de Stanford' : ecclesia Omnium Sanctorum in foro de Stanford', anno sexto.

Hospitali de Tevelesford' : ecclesia de Kirkeby, anno sexto.

Abbati et conventui de Lavenden' : capella de Tatenhou, anno sexto.

Priori et canonicis Sancte Frideswithe Oxonie : tres marce in ecclesia Omnium Sanctorum Oxonie, anno sexto.

Priori et conventui de Wirkesop' : tres marce in ecclesia de Riston', anno sexto.

Priori et conventui Sancti Andree Norhamptonie : ecclesia de Preston', anno sexto.

Priori et conventui de Friston' : duodecim marce de ecclesia de Toft, anno sexto.

Priori et canonicis de Newenham' : duodecim solidos de ecclesia Omnium Sanctorum de Bedeford', anno sexto; ecclesiam de Ravenesden', anno ix°.

Priorisse et monialibus de Garing' : ecclesia de Toufeld', anno sexto; ecclesia de Stanton', anno xij°.

Abbati et conventui de Keynesham' : ecclesia de Bureford', capella de Fulebroc, anno sexto.

Priori et canonicis de Chaucumba : advocatio medietatis ecclesie de Botendon', anno viij°; unam marcam de altera medietate ejusdem ecclesie, anno ix°; tres marcas de ecclesia de Eston', anno ix°.

Domui[1] de Ludfeld' : advocatio ecclesie de Stratford', anno viij°.

Canonicis de Oseneia Oxonie : ecclesia de Berton', ecclesia de Sanford', anno viij°; duos solidos in ecclesia de Burton', anno ix°.

Priori et canonicis de Tornholm' : tertia pars garbarum in ecclesia de Kadenay, anno ix°.

Monialibus de Godestowa : due marce de ecclesia de Essindon', medietas ecclesie de Patteshull', anno ix°.

Monialibus de Prato Norhamptonie : due marce in ecclesia de Barton', anno ix°.

Monialibus de Stodl' : ecclesiam de Ilemere, anno xiij°.

Abbati et conventui de Prato Leircestrie : viginti solidos de ecclesia de Northburg', anno ix°, viginti solidos in ecclesia de Cotes.

Monialibus de Parva Merlaua : decime de dominico de Suebir, anno ix°.

Monachis de Sancto Neoto : medietas ecclesie de Torneia, anno ix°.

Priori et conventui de Trenteham' : centum solidos de ecclesia de Duninton', anno ix°.

---

[1] "Monachis" is written above "Domui".

Priori et conventui de Markeby : unum aureum in medietate ecclesie de Beseby, anno ix°.

Monialibus de Fosse: ecclesia de Wullingeham', anno ix°.

Hospitali Sancti Petri de Eboraco : duos solidos de ecclesia de Aletorp', anno ix°.

Monachis de Roffa: tertia garba decimarum ville de Cudinton', anno ix°.

Canonicis de Wrokestan' : locum Sancte Marie cum capella et virgultis et vivariis et vinea; ecclesiam parrochialem de Wrokestan'.

Abbati et conventui de Croyland' : quatuor solidos de ecclesia de Bucton', anno ix°.

Abbati et conventui Sancti Ebrulfi : tres marcas de ecclesia de Netelham', anno x°, ecclesiam de Merston', anno x°.

Priori et fratribus hospitalis Jerosolimitani : quartam partem ecclesie de Kirketon' in Hoyland', anno x°; advocationem ecclesie de Eton', anno xij°.

Abbati et conventui de Blancheland' : ecclesiam de Kameringeham', anno x°.

Hospitali de Hocliva : advocationem ecclesie de Hocliva, anno x°.

Monialibus de Cestria : advocationem ecclesie de Suterby, anno x°.

Canonicis de Grimesby : advocationem ecclesie de Kaburne, anno x°.

Abbati et conventui de Bello Portu : xx solidos de ecclesia de Waltham', unam marcam de ecclesia de Belesby, dimidiam marcam de ecclesia de Brigget', dimidiam marcam de ecclesia de Haddecliva, duos solidos de ecclesia de Beseby, ecclesiam de Westravendal', anno xij°.

Abbati et conventui de Rames' : tres marcas de ecclesia de Wardebois, anno x°.

Priori et conventui de Dunstapl' : xxᵗⁱ solidos de ecclesia Sancte Marie de Bedeford', anno xij°; centum solidos in medietate ecclesie de Patteshull', anno x°.

Fratribus hospitalis Sancte Trinitatis extra Norhamptoniam : dimidiam marcam de ecclesia de Bergheby, anno x°; quatuor marcas de ecclesia de Blethesho, anno xij°.

Priori et conventui de Sancto Fromundo ; unam marcam annuam de ecclesia de Saxeby, ecclesiam de Bondeby, anno xij°.

Monialibus de Wudechirch' : quinque marcas in ecclesia de Daylinton', anno xij°.

Monialibus de Elnestowa : ecclesiam de Weston', anno xij°, redditum x*s*. de molendino de Buggeden'.

Abbati et conventui de Rading' : xx marcas de ecclesia de Stanton', anno xj°.

Capitulo Exonie : medietatem ecclesie de Burton', anno xij°.

Abbati et conventui Westmonasterii : medietatem ecclesie de Wachamsted', anno xij°.

[*On the dorse of the membrane :*—]

De beneficiis concessis religiosis in proprios usus per Dominum H. Lincolniensem secundum.

[Mem. 1.]

Archidiaconatus Lincolnie.

[Thomas, clerk, presented by the Abbot and Convent of Croyland, is instituted to the church of Ingoldsby. William, chaplain, on the nomination of the parson, is instituted vicar.]

LINCOLN': INGOLDEBY.—Thomas, clericus, presentatus per Abbatem et conventum de Croyland' ad ecclesiam de Ingoldesby, post inquisitionem per Willelmum, Archidiaconum Lincolnie, factam, per quam negotium fuit in expedito, admissus est, et in ea canonice persona institutus. Ad presentationem autem ejusdem persone, de consensu dictorum Abbatis et conventus, Willelmus, cappellanus, ad perpetuam vicariam illius ecclesie est admissus, et in ea canonice vicarius perpetuus institutus, qui dictam ecclesiam tenebit nomine perpetue vicarie, reddendo inde dicto Thome, tanquam persone, et successoribus suis, novem marcas annuas nomine pensionis, et dimidiam marcam annuam ad hospitium Archidiaconi faciendum. Et injunctum est dicto Archidiacono, tunc presenti, quod secundum formam premissam, tam dictam personam, quam vicarium, in corporalem, etc.

[Richard, clerk, presented by the Prior and Nuns of Bullington, is instituted to a third portion in the church of Fulletby.]

LINCOLN': FULLETEBY III PARS.—Ricardus, clericus, presentatus per Priorem et moniales de Bulington' ad tertiam partem ecclesie de Fuletteby, facta prius inquisitione per W., Archidiaconum Lincolnie, per quam negotium fuit in expedito, admissus est, et in dicta portione canonice persona institutus, cum onere eidem personaliter in officio sacerdotali deserviendi. Et mandatum est dicto Archidiacono, quod ipsum R. in corporalem dicte portionis possessionem inducat.

[Thomas de Beverlaco, clerk, presented by the Abbot and Convent of Bardney, is instituted to a mediety of the church of Firsby.]

LINCOLN': FRISEBY MEDIETAS.—Thomas de Beverlaco, clericus, presentatus per Abbatem et conventum de Barden' ad medietatem ecclesie de Friseby, facta prius inquisitione per W., Archidiaconum Lincolnie, per quam negotium fuit liquidum, admissus est, et in eadem canonice persona institutus, cum onere in ea residentiam faciendi. Et injunctum est dicto Archidiacono, tunc presenti, etc.

VOL. III.

[*Roger de Friseby, dean, presented by the Prior and Convent of Kyme, is instituted to the church of All Saints, Wainfleet.*]

LINCOLN': OMNIUM SANCTORUM DE WEINFLET.—Rogerus de Friseby, decanus, presentatus per Priorem et conventum de Kyma ad ecclesiam Omnium Sanctorum de Weinflet, facta prius inquisitione per Magistrum Johannem de Horkestowe, per quam, etc., ad eandem est admissus, et persona institutus. Et injunctum est W., Archidiacono Lincolnie, etc.

[*William, presented by the Abbot and Convent of Beauport, is instituted vicar of West Ravendale. The vicarage is described.*]

LINCOLN' : WESTRAVENDAL' VICARIA.—Willelmus [*blank*], presentatus per Abbatem et conventum de Bello Portu ad vicariam ecclesie de Westravendal', ordinatam per W., Archidiaconum Lincolnie, admissus est, et in ea vicarius perpetuus institutus. Vicarius autem nomine vicarie percipiet victum unius canonici ab eisdem canonicis apud Westravendal', et unam marcam annuam. Et injunctum est Archidiacono Lincolnie, presenti, etc.

[*Hugh, chaplain, presented by Alan Marcell' acting for the Master of the Temple, is instituted vicar of Swinderby. The vicarage is described.*]

LINCOLN': SUNDERBY VICARIA.—Hugo, cappellanus, presentatus per fratrem Alanum Marcell', vices gerentem Magistri Militie Templi in Anglia, ad perpetuam vicariam ecclesie de Sunderby, ordinatam auctoritate Concilii, facta prius inquisitione per W., Archidiaconum Lincolnie, etc., admissus est, et in ea vicarius perpetuus institutus. Consistit autem dicta vicaria in toto alteragio cum tofto, et in redditu unius marce annue certo loco assignando. Dicti autem Templarii sustinebunt omnia onera ordinaria illius ecclesie preter sinodalia, que vicarius sustinebit. Et injunctum est Archidiacono Lincolnie, tunc presenti, etc.

[*William, chaplain, presented by the same Alan Marcell', is instituted vicar of Eagle. The vicarage is described.*]

LINCOLN': AECLE VICARIA.—Willelmus, cappellanus, presentatus per eundem A. Marcell', etc., ad perpetuam vicariam ecclesie de Aecle, ordinatam auctoritate Concilii Generalis, facta inquisitione per W., Archidiaconum Lincolnie, etc., admissus est, et in ea vicarius perpetuus institutus. Que consistit in toto alteragio cum quodam tofto. Templarii autem sustinebunt omnia onera ordinaria illius ecclesie, preter sinodalia, que vicarius sustinebit. Et injunctum est prefato Archidiacono Lincolnie, tunc presenti, etc.

[*Richard, chaplain, presented by the same A. Marcell' and by William de Brance-well', is instituted vicar of Rowston. The vicarage is described.*]

LINCOLN': ROLVESTON' VICARIA.—Ricardus, cappellanus, presentatus per eundem A. Marcell', etc., patronum trium partium ecclesie de Rolveston', et per Magistrum Willelmum de Brance-well', personam quarte partis ejusdem ecclesie, ad perpetuam vicariam ipsius ecclesie, ordinatam auctoritate Concilii Generalis, facta inquisitione per W., Archidiaconum Lincolnie, admissus est, et in ea vicarius perpetuus institutus. Que consistit in toto alteragio totius ecclesie, et in quodam tofto assignando, et in decimis trium bovatarum terre ex parte Templariorum, et unius bovate terre ex parte Magistri W., persone, et successorum suorum. Dicti autem Templarii et Magister W., pro suis portionibus pro-portionaliter, omnia onera ordinaria illius ecclesie sustinebunt preter sinodalia, que vicarius persolvet. Et injunctum est dicto Archidiacono Lincolnie, presenti, etc.

[*Warin de Muncy, presented by the Prior and Convent of Eye, Suffolk, is instituted to the mediety of the church of Welbourn which E. de Melles had held.*]

LINCOLN': WELLEBURNE MEDIETAS.—Magister Warinus de Muncy, presentatus per Priorem et conventum de Eya ad medieta-tem ecclesie de Welleburne, quam Magister E. de Melles, crucesignatus, tenuit, cum per testes fide dignos et juratos constaret domino Episcopo ipsum E. in fata cessisse, post inquisitionem per W., Archidiaconum Lincolnie, super illa medietate factam, per quam negotium fuit in expedito, admissus est, et in ea canonice persona institutus. Et injunctum est dicto Archidiacono, presenti, quod, etc.

[*Philip de Coventria, clerk, presented by Philip de Oresby, guardian of the heir of Gilbert de Lekeburne, is instituted to a mediety of the church of Legbourne.*]

LINCOLN': LEKEBURNE MEDIETAS.—Philippus de Coventria, clericus, presentatus per Philippum de Oresby, justiciarium Ces-trensem, ad medietatem ecclesie de Lekeburne, ratione custodie terre et heredis Gilberti de Lekeburne, facta prius inquisitione per W., Archidiaconum Lincolnie, per quam, etc., admissus est, et in ea canonice persona institutus, ita quod ad proximos ordines veniat in subdiaconum ordinandus. Et injunctum est dicto Archidiacono, tunc presenti, ut secundum formam premissam, etc.

[*Robert de Campvill', clerk, presented by William de Manneby, is instituted to the church of Manby.*]

LINCOLN': MANNEBY.—Robertus de Campvill', clericus, pre-sentatus per Willelmum de Manneby ad ecclesiam de Manneby, facta prius inquisitione per W., Archidiaconum Lincolnie, per quam, etc., admissus est, et in ea canonice persona institutus. Habet autem indutias unius anni, ut tunc veniat in subdiaconum ordinandus. Et injunctum est Archidiacono, presenti, etc.

[*Winemerus, clerk, presented by William de Alneto, is instituted to the third portion in the church of Stainton-le-Vale, which Simon de Alneto had held.*]

LINCOLN': STEINTON' III PARS.—Winemerus, clericus, presentatus per Willelmum de Alneto ad tertiam partem ecclesie de Steinton, quam Simon de Alneto tenuit, qui ad aliam ecclesiam admissus est et institutus, facta inquisitione per W., Archidiaconum Lincolnie, per quam negotium fuit in expedito, admissus est, et in ea canonice persona institutus. Et injunctum est Archidiacono, etc.

[*John, dean of the city of Lincoln, collated by the Bishop, is instituted to the church of Boultham.*]

LINCOLN': BULCHAM'.—Johannes, decanus civitatis Lincolnie, cui dominus Episcopus, auctoritate Concilii, contulit ecclesiam de Bulcham, admissus est, et in ea canonice persona institutus. Et injunctum est Archidiacono, presenti, etc.

[*Philip de Panton', clerk, presented by Simon de Roppel', is instituted to the church of Ropsley. The vicarage is reserved to H. de Sapton'.*]

LINCOLN': ROPPESL'.—Philippus de Panton', clericus, presentatus per Simonem de Roppel' ad ecclesiam de Roppel', facta prius inquisitione per W., Archidiaconum Lincolnie, per quam, etc., admissus est, et in ea canonice persona institutus; salva H. de Sapton' perpetua vicaria quinque marcarum in eadem, ad presentationem dicti Philippi, persone, et de consensu S., patroni, ei concessa. Et injunctum est dicto Archidiacono, etc. Injungit etiam dominus Episcopus eidem Philippo, crucesignato, quod, cum votum suum fuerit prosecutus, ad proximos ordines veniat ordinandus in subdiaconum. Fuerunt autem presentes Thomas de Fiskerton', Stephanus de Cicestria, cappellani, et Magister Willelmus de Lincoln', canonicus Lincolniensis, Magistri Willelmus de Cantuaria, et Amauricus de Bugg', Willelmus de Winchecumba, et Oliverus de Chedneto, clerici, ubi Philippus, clericus, presentavit H. ad dictam vicariam in cappella Beati Laurentii in ecclesia majori Lincoln', et ubi Simon de Roppel', consensit quod dicta vicaria ordinetur ut dicitur.

[Simon de Alneto, clerk, presented by Robert de Arches and William Haunselin, is instituted to the church of Wrawby, of which Ralph Haunselin had been parson.]

LINCOLN': WRAGGEBY.—Simon de Alneto, clericus, presentatus per Robertum de Arches et Willelmum Haunselin ad ecclesiam de Wraggeby, quam Radulphus Haunselin tenuit, facta prius inquisitione per W., Archidiaconum Lincolnie, per quam negotium fuit, etc., admissus est, et in ea canonice persona institutus. Et mandatum est Archidiacono Lincolnie, etc.

[Stephen, clerk, presented by Simon de Roppel', is instituted to the church of Mere.]

LINCOLN': MERA.—Stephanus, clericus, presentatus per Simonem de Roppel' ad ecclesiam de Mere, facta prius inquisitione per W., Archidiaconum Lincoln', per quam, etc., admissus est, et in ea canonice persona institutus. Et injunctum est Archidiacono Lincolnie, etc.

[Walter de Thorenton, chaplain, presented by the Prioress and Convent of Stainfield, is instituted vicar of Waddingworth. The vicarage is described.]

LINCOLN': WAENGEWRD' VICARIA.—Walterus de Thorenton', cappellanus, presentatus per Priorissam et conventum de Steinfeld' ad perpetuam vicariam ecclesie de Waengeworth', facta prius inquisitione per W., Archidiaconum Lincolnie, per quam, etc., admissus est, et in ea canonice persona institutus. Consistit autem dicta vicaria in toto alteragio, cum terra et tofto pertinentibus ad dictam ecclesiam, et in omnibus ad eandem ecclesiam pertinentibus preter garbas, quas Magister et conventus de Steinfeld' percipiet. Vicarius autem tantum sinodalia solvet, et dicte moniales reliqua ipsius ecclesie onera debita et consueta sustinebunt. Et mandatum est dicto Archidiacono Lincolnie quod, etc.

[Ralph, chaplain, presented by the Abbot and Convent of Bardney, is instituted vicar of Barton-on-Humber. The vicarage is described.]

LINCOLN': BARTON' VICARIA.—Radulphus, cappellanus, presentatus per Abbatem et conventum de Barden' ad perpetuam vicariam ecclesie de Barton', ordinatam auctoritate Concilii, facta inquisitione per W., Archidiaconum Lincolnie, per quam negotium fuit in expedito, admissus est, et in ea canonice vicarius perpetuus institutus. Consistit autem dicta vicaria in toto alteragio ipsius ecclesie, excepta terra ad eandem ecclesiam pertinente; salvis dictis Abbati et conventui quatuor marcis annuis de alteragio memorato. Dicti autem Abbas et conventus omnia onera ordinaria illius ecclesie sustinebunt preter sinodalia, que vicarius persolvet. Injunctum est etiam ipsi vicario, ut per biennium apud Lincolniam scolas frequentet et theologiam addiscat, et interim idoneum cappellanum in dicta ecclesia de Barton' innominet per consilium Archidiaconi Lincolnie. Et mandatum est Archidiacono Lincolnie, etc.

[*Walter, chaplain, presented by the Prior and Convent of Kyme, is instituted vicar of Thorp St. Peter. The vicarage is described.*]

LINCOLN': THORP VICARIA.—Walterus, cappellanus, presentatus per Priorem et conventum de Kyma ad vicariam ecclesie de Thorp', ordinatam auctoritate Concilii, facta inquisitione per W., Archidiaconum Lincolnie, per quam negotium fuit in expedito, admissus est, et in ea canonice vicarius perpetuus institutus. Consistit autem dicta vicaria in toto alteragio ipsius ecclesie cum quodam tofto ; salva tamen eisdem Priori et conventui medietate decime totius butiri et casei. Dicti autem canonici de Kima omnia onera ordinaria illius ecclesie sustinebunt preter sinodalia, que vicarius persolvet. Et mandatum est dicto Archidiacono Lincolnie quod, etc., et quod habeat litteras presentationis vicarii antequam illum in corporalem possessionem sue vicarie inducat.

[*Walter, chaplain, presented by the Prior and Convent of Kyme, is instituted vicar of Croft. The vicarage is described.*]

LINCOLN': CROFT VICARIA.—Walterus, cappellanus, presentatus per Priorem et conventum de Kyma ad vicariam ecclesie de Croft, ordinatam auctoritate Concilii, facta inquisitione per W., Archidiaconum Lincolnie, per quam, etc., admissus est, et in ea canonice vicarius perpetuus institutus. Et consistit dicta vicaria in toto alteragio cum quodam tofto versus occidentalem partem ecclesie ; salvis tamen dictis canonicis butiro et caseo. Dicti vero canonici omnia onera ordinaria illius ecclesie sustinebunt preter sinodalia, que vicarius persolvet. Et mandatum est Archidiacono Lincolnie quod, etc., et quod litteras presentationis ipsius vicarii habeat antequam ipsum in corporalem dicte vicarie possessionem inducat.

[*David de Sancto Botulfo, chaplain, presented by the Prior and Convent of Kyme, is instituted vicar of Osbournby. The vicarage is described.*]

OSBERNEBY VICARIA.—David de Sancto Botulfo, cappellanus, presentatus per Priorem et conventum de Kyma ad vicariam ecclesie de Osberneby, ordinatam auctoritate Concilii, facta prius inquisitione per W., Archidiaconum Lincolnie, per quam, etc., admissus est, et in ea canonice vicarius perpetuus institutus. Et consistit dicta vicaria in toto alteragio, terra, et domibus ad eandem ecclesiam pertinentibus. Dicti autem Prior et conventus omnia onera ordinaria illius ecclesie sustinebunt preter sinodalia, que vicarius persolvet. Sub hac pena etiam dictus vicarius admissus est, quod, si decetero constiterit ipsum concubinam tenere, vicariam suam amittat. Et mandatum est dicto Archidiacono quod secundum formam premissam, etc.

[*William, chaplain, presented by the Abbot and Convent of Croyland, is instituted to the church of St. Michael, Stamford.*]

ECCLESIA SANCTI MICHAELIS IN STANFORD'.—Willelmus, cappellanus, presentatus per Abbatem et conventum Croyland' ad ecclesiam Sancti Michaelis in Stanford', facta prius inquisitione per Archidiaconum Lincolnie, per quam, etc., admissus est, et in ea canonice persona institutus, cum onere in propria persona eidem deserviendi. In institutione quidem adjecit dominus Episcopus eidem cappellano quod, si in domo sua vel alibi mulierem unde mala suspicio habeatur secum tenuerit, ecclesia ipsa spolietur. Et mandatum est prefato Archidiacono quod, etc.

[*Thomas de Loventon, clerk, presented by the Prior and Nuns of Bullington, is instituted to the church of South Reston.*]

RISTON.—Thomas de Loventon', clericus, presentatus per Priorem et moniales de Buligton' ad ecclesiam de Riston', facta prius inquisitione per W., Archidiaconum Lincolnie, per quam, etc., admissus est, et in ea canonice persona institutus, cum onere in ea personaliter in officio sacerdotali ministrandi. Et mandatum est Archidiacono, etc.

[*Alan de Helkinton, clerk, presented by Gilbert son of Harold, is instituted to the church of Conisholme.*]

KUNINGESHOLM'.—Alanus de Helkinton', clericus, presentatus per Gilbertum filium Haraldi, militem, ad ecclesiam de Kuningesholm', facta prius inquisitione per W., Archidiaconum Lincolnie, per quam, etc., et, domino Martino de Patteshull', qui eam proximo possedit, illum resignante, admissus est, et persona institutus, cum onere eidem in officio sacerdotali personaliter deserviendi. Et injunctum est dicto Archidiacono quod secundum formam premissam, etc.

[*Rabodus, clerk, presented by the Master, Prioress, and Nuns of Stanfield, is instituted to the church of Somerby.*]

SUMEREDEBY.—Rabodus, clericus, presentatus per Magistrum et Priorissam et moniales de Steinfeld' ad ecclesiam de Sumeredeby, facta prius inquisitione per W., Archidiaconum Lincolnie, per quam, etc., et domina Matillide de Arch' jus patronatus quod vendicabat in eadem quietum clamante dictis monialibus in curia domini Regis, admissus est, et persona institutus. Et mandatum est dicto Archidiacono quod ipsum, etc.

[*Walter de Panton, chaplain, presented by Walter de Wylekier, is instituted to the church of Panton.*]

PANTON'.—Walterus de Panton', cappellanus, presentatus per Walterum de Wylekier ad ecclesiam de Panton', facta prius inquisitione per W., Archidiaconum Lincolnie, per quam negotium fuit in expedito, admissus est, et in ea canonice persona institutus, cum onere in eadem residendi, et ei in officio sacerdotali personaliter deserviendi. Et mandatum est, etc.

[*Henry de Haddon, clerk, is presented by the Abbot and Convent of Thornton to the church of Kelstern.*]

LINCOLN': KELESTERNE.—Henricus de Haddon', clericus, presentatus per Abbatem et conventum de Thorenton' ad ecclesiam de Kelesterne.

[*William de London, clerk, is collated to a mediety of the church of St. Peter, Saltfleetby.*]

LINCOLN': MEDIETAS ECCLESIE DE SALFLETEBY.—Willelmus de London', clericus, cui dominus Episcopus, auctoritate Concilii, contulit medietatem ecclesie Sancti Petri de Salfleteby, ad eandem est admissus, et in ea canonice persona institutus; salvo inposterum jure uniuscujusque qui jus patronatus evicerit in eadem. Et mandatum est W., Archidiacono Lincolnie, quod ipsum, etc.

[*Richard de Wulstorp, clerk, is instituted to the church of Biscathorpe.*]

LINCOLN': BISSOPESTORP'.—Ricardus de Wulstorp', clericus, cui dominus Episcopus, auctoritate Concilii, contulit ecclesiam de Biscoptorp', ad eandem est admissus, et in ea canonice persona institutus; salvo inposterum jure, etc. Et mandatum est Archidiacono Lincolnie quod ipsum, etc.

[*Geoffrey de Folking, dean, is collated to the church of Haceby.*]

LINCOLN': HASCEBY.—Galfridus de Folking', decanus, cui dominus Episcopus, auctoritate Concilii, contulit ecclesiam de Hasceby, ad eandem est admissus, et in ea canonice persona institutus, cum onere eidem personaliter in officio sacerdotali deserviendi; salvo inposterum jure uniuscujusque, etc. Et mandatum est Archidiacono Lincolnie, etc.

[*Reginald, clerk, presented by the Abbot and Convent of Kirkstead, is instituted to the church of Thimbleby.*]

LINCOLN' : THIMELBY.—Reginaldus, clericus, presentatus per Abbatem et conventum de Kirkestede ad ecclesiam de Thimelby, facta prius inquisitione per W., Archidiaconum Lincoln', per quam, etc., admissus est, et in ea canonice persona institutus. Et mandatum est dicto Archidiacono quod ipsum, etc.

[*Walter Pauncevout, presented by John de Baiocis, is instituted to the church of Calcethorpe.*]

LINCOLN' : KEYLESTORP.—Walterus Pauncevout, presentatus per Johannem de Baiocis ad ecclesiam de Keylestorp', facta prius inquisitione per W., Archidiaconum Lincolnie, per quam, etc., admissus est, et in ea canonice persona institutus, cum onere in ea residendi, et in ordine sacerdotali eidem personaliter deserviendi quando domino Episcopo placuerit. Et mandatum est R. de Calkewell', decano, etc.

[*William de Wirmele, chaplain, presented by the Abbot and Convent of Waltham, Essex, is instituted vicar of Wrangle. The vicarage is described.*]

LINCOLN' : WRENGLE VICARIA.—Willelmus de Wirmele, cappellanus, presentatus per Abbatem et conventum de Waltham', ad perpetuam vicariam ecclesie de Wrengle, ordinatam auctoritate Concilii, facta prius inquisitione per W., Archidiaconum Lincolnie, per quam, etc., facta etiam protestatione quod nichil juris accrescet ipsis Abbati et conventui per hanc presentationem et dictam admissionem in ecclesia prefata, admissus est et institutus. Consistit autem dicta vicaria in toto alteragio, de quo vicarius annuatim solvet dictis monachis centum solidos ad duos terminos anni, scilicet, ad festum Sancti Botulfi l solidos, et ad festum Sancti Martini l solidos. Sunt autem in illa ecclesia duo cappellani et unus diaconus necessarii. Indulsit etiam dominus Episcopus dicto W., cappellano, ut per annum theologie intendat. Et mandatum est Archidiacono Lincolnie ut secundum formam premissam, etc.— Verte folium.

[*On the dorse of the roll :—*]
[*The witnesses to the institution.*]

Isti fuerunt presentes ubi Willelmus de Wirmele, cappellanus, ad presentationem Abbatis et conventus de Waltham' admissus fuit ad perpetuam vicariam ecclesie de Wrengle, apud Oseneiam, in superiori camera Abbatis, die Apostolorum Symonis et Jude, anno pontificatus domini Episcopi xj°, scilicet, dominus J., Bathoniensis episcopus, R., Archidiaconus Huntingdonie, et J., Archidiaconus Bedefordie, Rogerus, cappellanus dicti domini Bathoniensis, et Magister Adam de Clenefeld', canonici Wellenses, Henricus, canonicus de Waltham', et Willelmus de Winchecumba, clericus.

[*On the face of the roll :—*]

[*Robert, chaplain, presented by the Prioress and Convent of Nunappleton, Yorks, is instituted vicar of North Elkington. The vicarage is described.*]

LINCOLN': NORTHELKINTON' VICARIA.—Robertus, capellanus, presentatus per Priorissam et conventum de Appelton' ad perpetuam vicariam ecclesie de Northelkinton', ordinatam auctoritate Concilii, admissus est, et in ea canonice vicarius perpetuus institutus. Consistit autem dicta vicaria in toto alteragio, et in quarta parte decimarum garbarum totius ville percipienda cum omnes decime simul collecte fuerunt in campo. Et injunctum est dicto Archidiacono Lincolnie, etc.

[*Henry, chaplain, presented by the Prior and Convent of Markby, is instituted vicar of Huttoft. The vicarage is described.*]

LINCOLN': HOTOFT' VICARIA.—Henricus, cappellanus, presentatus per Priorem et conventum de Markeby ad vicariam de Hotoft', ordinatam auctoritate Concilii, facta prius inquisitione per W., Archidiaconum Lincolnie, etc., admissus est et institutus. Consistit autem dicta vicaria in omnibus obventionibus altaris cum tofto, in ciragio, in decimis lini et canabi, vitulorum et pullorum. Et injunctum est W. Gulafre, clerico, quod, etc.

[*Eudo, chaplain, presented by the same, is instituted vicar of Bilsby. The vicarage is described.*]

LINCOLN': BILESBY VICARIA.—Eudo, cappellanus, presentatus per eosdem ad vicariam de Billesby, ordinatam auctoritate Concilii, et facta prius inquisitione per W., Archidiaconum Lincolnie, etc., admissus est et institutus. Et consistit dicta vicaria in toto altalagio cum tofto quod pertinet ad ecclesiam, quod fuit prius cappellani; et preterea dicti Prior et conventus solvent vicario annuatim in festo Sancti Martini unam summam frumenti, et aliam fabarum, et tertiam avene. Et injunctum est dicto W. Gulafre, etc.

[*On the dorse :—*]

[*The institution of Simon, presented by the chapter of Exeter to a portion in the church of Denton.*]

[DAINTON'.]—Die Veneris proxima ante festum Sancti Barnabe, in domo Archidiaconi Lincolnie apud Lincolniam, Simon, cappellanus, presentatus per Capitulum Beati Petri Exon' ad portionem ecclesie de Dainton' que fuit Roberti de Lucy, admissus est, et in ea canonice persona institutus; salva ordinatione domini Episcopi et Capituli Lincolnie; presentibus W., Archidiacono Lincolnie, R., Archidiacono Huntingdonie, et J., Archidiacono Bedefordie, Magistro Willelmo de Lincolnia, canonico Lincolnie, Magistro Roberto de Brincle, Officiali Archidiaconi Lincolnie, Nicholao, cappellano ejusdem Archidiaconi, et Willelmo de London', clerico, et Olivero de Chedneto, clerico.

[*The admission of A. de Boby as Prioress of St. Michael, Stamford.*]

[STANFORD.]—Eodem die et eodem loco et eisdem presentibus, A. de Boby, monialis, presentata per moniales Sancti Michaelis in Stanford' ad prioratum ejusdem domus, de consensu Abbatis et conventus de Burgo' patronorum, admissa [est], et in dicta domo priorissa, ut moris est, instituta, suscipiendo per librum de manu domini Episcopi curam et administrationem tam interiorum quam exteriorum dicti prioratus, et canonicam obedientiam, tactis sacrosanctis evangeliis, domino Episcopo jurando.

[*Alan de Hekinton, sub-deacon, presented by Gilbert, son of Harold, receives the charge of the church of Conisholme.*]

LINCOLN': [CUNINGESHOLM'].—Alanus de Hekinton', subdiaconus, presentatus ad ecclesiam de Cuningesholm' per Gilbertum filium Haraldi, Martino de Patteshull' eam resignante, facta prius inquisitione per W., Archidiaconum Lincolnie, per quam, etc., custodiam illius ecclesie, usque ad ordines proximos ante festum Sancti Michaelis, est adeptus, ut tunc veniat in diaconum ordinandus; alioquin ipsam custodiam amittat. Et injunctum est Archidiacono, presenti, ut ipsam custodiam, sicut predictum est, ei faciat habere. [*In the margin :—*] Post Pentecosten.

[*Thomas de Loventon, presented by the Prior and Nuns of Bullington, receives the charge of the church of Reston.*]

LINCOLN': [RISTON].—Thomas de Loventon', per Priorem et moniales de Bulington' presentatus ad ecclesiam de Riston', facta inquisitione per W., Archidiaconum Lincolnie, per quam, etc., custodiam illius ecclesie usque ad proximos ordines, ut tunc veniat ordinandus, est adeptus. Et mandatum est dicto Archidiacono quod secundum formam premissam, etc.

[Mem. 2.]

[*Richard le Megre, chaplain, presented by the Prior and Convent of Thurgarton, is instituted vicar of Scopwick. The vicarage is described.*]

SCAPEWIC' VICARIA.—Ricardus le Megre, cappellanus, presentatus per Priorem et conventum de Turgarton' ad perpetuam vicariam ecclesie de Scapewic', admissus est, et vicarius institutus. Et consistit dicta vicaria in toto alteragio ejusdem ecclesie, cum manso competente. Et mandatum est Archidiacono Lincolnie, etc.

[*Richard Mauclerc, clerk, presented by William de Alneto, is instituted to a third part in the church of Stainton-le-Vale.*]

STEINTON' III PARS.—Ricardus Mauclerc, clericus, presentatus per Willelmum de Alneto, militem, ad tertiam partem ecclesie de Steinton', facta prius inquisitione per W., Archidiaconum Lincolnie, etc., admissus est, et in ea persona canonice institutus. Et mandatum est dicto Archidiacono, etc.

ANNUS DUODECIMUS.

[*Benedict de Amundevill, clerk, presented by Henry Foliot, is instituted to a pension of four marks in the church of Leasingham.*]

LINCOLN': LEVESINGEHAM'.—Benedictus de Amundevill', clericus, presentatus per Henricum Foliot, ratione [*blank*] uxoris sue, ad pensionem quatuor marcarum in medietate ecclesie de Levesingeham', facta prius inquisitione per Decanos de Halewatheb' et de Flaxewll', Lincolnie archidiaconatus, per quam negotium fuit in expedito, admissus est, et in ipsa medietate persona institutus. Et mandatum est Archidiacono Lincolnie quod ipsum, etc. [*In the margin :*—] Non habemus litteras presentationis.

[*William de Tintehell', clerk, presented by the Prior of St. Fromund, is instituted to the church of Saxby. A pension is reserved to the Prior.*]

LINCOLN': SAXEBY.—Willelmus de Tintehell', clericus, presentatus per Priorem Sancti Fromundi ad ecclesiam de Saxeby, admissus est, et in ea canonice persona institutus; salva dicto Priori de eadem ecclesia una marca annua per manum dicti Willelmi et successorum suorum, nomine perpetui beneficii percipienda. Et mandatum est Archidiacono Lincolnie, etc. [*In the margin :*—] Non habemus litteras presentationis nec inquisitionis.

[*Manasser, clerk, presented by William Bardof, is instituted to a mediety of the church of Ruskington. A vicarage is reserved to Robert le Simple.*]

LINCOLN': RISKINTON'.—Manasserus, clericus, presentatus per Willelmum Bardof ad medietatem ecclesie de Riskinton', facta prius inquisitione per W., Archidiaconum Lincolnie, etc., cum etiam impositum eidem M. esset quod multa mala fecerit tempore guerre, et se super hoc coram Archidiacono purgaret, admissus est, et in eadem medietate canonice persona institutus ; salva Roberto le Simple perpetua vicaria quam habet in eadem. Et injunctum est Magistro Roberto de Brincle, Officiali, etc.

[*Robert de Sancto Albano, presented by Picotus de Laceles, is instituted to the church of Aylesby.*]

LINCOLN' : ALESBY.—Magister Robertus de Sancto Albano presentatus per dominum Picotum de Laceles ad ecclesiam de Alesby, facta prius inquisitione per W., Archidiaconum Lincolnie, etc., admissus est, et in ea canonice persona institutus. Et injunctum est magistro Roberto de Brincle, Officiali, etc.

[*Geoffrey de Gaunt, clerk, presented by Robert de Ros, is instituted to the church of Holton Beckering.*]

LINCOLN': HOGHTON'.—Galfridus de Gaunt, clericus, presentatus per dominum Robertum de Ros ad ecclesiam de Hoghton', facta prius inquisitione per W., Archidiaconum Lincolnie, etc., admissus est, et in ea canonice persona institutus ; salva Symoni, cappellano, perpetua vicaria quam habet in eadem. Et injunctum est magistro Roberto, Officiali, etc.

[*Jeremias, clerk, presented by Walter de Hamby, is instituted to the church of Welton-le-Marsh.*]

LINCOLN': WELLETON'.—Jeremias, clericus, presentatus per Walterum de Hamby, militem, ad ecclesiam de Welleton', facta prius inquisitione per Archidiaconum Lincolnie, per quam, etc., admissus est, et in ea canonice persona institutus hac vice ; salvo inposterum Abbati et conventui de Thorenton' jure patronatus ipsius ecclesie quod dictus Walterus eis in curia domini Regis remisit, et quietum de se et heredibus suis inperpetuum clamavit. Et mandatum est Archidiacono Lincolnie, etc.

[*Walter de Hemerston, chaplain, presented by Robert de Dalderby, is instituted to the church of Dalderby.*]

LINCOLN' : DALDERBY.—Walterus de Hemerston', cappellanus, presentatus per Robertum de Dalderby, militem, ad ecclesiam de Dalderby, facta prius inquisitione per W., Archidiaconum Lincolnie, etc., admissus est, et persona institutus, cum onere residentie, et pena inflicta hiis qui notati fuerint incontinentia. Et injunctum est Officiali Lincolnie, etc.

[*Haco, clerk, presented by Peter, Duke of Brittany, and his wife, Alice, is instituted to the church of Wyberton.*]

WYBERTON'.—Haco, clericus, presentatus per Petrum, Ducem Brittannie, et Aliciam, uxorem suam, ad ecclesiam de Wyberton', cujus patronatum evicerunt, in curia domini Regis, versus Ricardum Parlebien et Johannem filium Benedicti et Galfridum fratrem ejus, facta prius inquisitione per Rogerum de Cadomo, decanum Hoylandie, etc., admissus est, et persona institutus, cum pena incontinentibus inflicta. Et injunctum est Officiali Archidiaconi Lincolnie, etc.

[*Benedict, clerk, presented by the Preceptor of the Knights-Templars, is instituted to the church of Caythorpe. A pension of five marks remains to the Templars.*]

KATTORP'.—Magister Benedictus, clericus, per fratrem Alanum Marcell', Preceptorem Militie Templi in Anglia, ad ecclesiam de Kattorp', facta prius inquisitione per W., Archidiaconum Lincolnie, etc., admissus est, et persona institutus ; salva domino Episcopo et capitulo suo Lincolnie gratia quam ipsis Templariis super pensione illius ecclesie quam percipere consueverunt, et alias in eadem ecclesia duxerint faciendam. Et injunctum est Officiali Archidiaconi Lincolnie, etc. Dominus Comes Sarr', qui vendicavit sibi jus patronatus in ecclesia de Cattorp', per litteras suas patentes ante admissionem hujus clerici dicto juri renunciavit. Dominus Episcopus et capitulum Lincolnie confirmaverunt ipsis Templariis de ecclesia de Cattorp' quinque marcas annuas, quas prius habuerunt, et alias quinque marcas eis de novo concessas.[1]

[*Bricius, chaplain, presented by the Prior and Convent of Drax, is instituted to the church of Middle Rasen Drax.*]

RASNE.—Bricius, cappellanus, presentatus per Priorem et conventum de Drax' ad ecclesiam de Media Rasne, facta prius inquisitione per W., Archidiaconum Lincolnie, etc., dispensante cum eo domino Episcopo eo quod extra Angliam fuit ordinatus, admissus est, et in ipsa ecclesia canonice persona institutus, cum onere in eadem residendi, et in ea personaliter in officio sacerdotali deserviendi. Et injunctum est Archidiacono, presenti, etc.

[*Alan de Keleseia, presented by Ralph de Heiling, is instituted to the church of Healing.*]

LINCOLN': HEILING'.—Magister Alanus de Keleseia, presentatus per Radulphum de Heiling', militem, ad ecclesiam de Heiling' vacantem eo quod R., proximo rector ejusdem, ad quandam aliam

---

[1] This last sentence is inserted.

ecclesiam post Concilium fuit admissus, et in eadem per Archiepiscopum Ebor' institutus, facta prius inquisitione per W., Archidiaconum Lincolnie, etc., admissus est, et in ea canonice persona institutus. Et mandatum est predicto Archidiacono, etc.

[*Robert de Budliers, clerk, presented by Gilbert Hansard, is instituted to the church of Thornton-le-Moor.*]

THORINTON'.—Robertus de Budliers, clericus, presentatus per Gilbertum Hansard', militem, ad ecclesiam de Thorenton', facta prius inquisitione per W., Archidiaconum Lincolnie, etc., admissus est, et in ea canonice persona institutus. Et injunctum est Magistro R. de Brincle, Officiali, etc.

[*Geoffrey, chaplain, presented by Roger de Thorpel, is instituted to the church of Pilkinton (?).*]

PILKINTON'.—Galfridus, cappellanus, presentatus per Rogerum de Thorpel ad ecclesiam de Pilkinton', facta prius inquisitione per R., Archidiaconum Norhamptonie, etc., admissus est, et in ea canonice persona institutus. Et mandatum est Archidiacono, etc.

[*William, clerk, presented by the Abbot and Convent of Tupholme, is instituted vicar of Middle Rasen Tupholme. The vicarage is described.*]

MEDIA RASNE VICARIA.—Willelmus, clericus, presentatus per Abbatem et conventum de Tuppeholm' ad perpetuam vicariam ecclesie de Media Rasne, admissus est, et vicarius perpetuus institutus, cum onere et pena vicariorum. Et consistit vicaria in certa portione sexaginta solidorum cum tofto assignando, et faciet Archidiaconus Lincolnie, etc., habere domino Episcopo taxationem vicarie.

[*Geoffrey, Precentor of Lincoln, presented by Richard, son of Ralph, is instituted to a third portion in the church of Rippingale.*]

REPPINGEHAL' III PARS.—Galfridus, precentor Lincoln' ecclesie, presentatus per Ricardum filium Radulphi ad tertiam partem ecclesie de Reppingehal', facta prius inquisitione per W., Archidiaconum Lincolnie, etc.; et, domino Papa cum dicto precentore dispensante quod non obstante constitutione Concilii Generalis, etc., admissus est, et in dicta portione persona institutus. Et injunctum est Archidiacono Lincolnie, etc.

[*Ralph, chaplain, presented by the Prior and Convent of Spalding, is instituted to the church of Bolingbroke. The ancient pension is reserved to the monks.*]

BULINGBROC. — Radulphus, cappellanus, presentatus per Priorem et conventum de Spalding' ad ecclesiam de Bulingbroc, facta prius inquisitione per W., Archidiaconum Lincolnie, etc., admissus est, et persona institutus, cum onere residendi, etc. ; salva dictis monachis de eadem ecclesia, debita et antiqua pensione. Et injunctum est Magistro R. de Brincle, Officiali, etc.

[Roger Bacun, clerk, presented by Picot de Laceles is instituted to the church of Fulstow. The vicarage is reserved to Hugh de Wadington.]

FULESTOWA.—Rogerus Bacun, clericus, presentatus per Picot de Laceles ad ecclesiam de Fulestowa cum pertinentiis, facta prius inquisitione per W., Archidiaconum Lincolnie, etc. [admissus est], et in ea canonice persona institutus ; salva Hugoni de Wadington', cappellano, perpetua vicaria sua quam habet in eadem, qui totam ipsam ecclesiam nomine vicarie sue, quoad vixerit, tenebit, reddendo inde prefato Rogero et successoribus suis, dicte ecclesie personis, xx marcas annuas nomine pensionis ad duos terminos, scilicet, ad festum Sancti Michaelis x marcas, et ad festum Nativitatis Sancti Johannis Baptiste x marcas. Et injunctum est dicto Archidiacono Lincolnie, etc.

[*On the dorse :—*]

ANNUS DUODECIMUS.

[Robert, presented by Picot de Laceles, receives the charge of the church of Aylesby.]

LINCOLN' : [ALESBY].—Magister Robertus, presentatus per dominum Picot de Laceles ad ecclesiam de Alesby, facta prius inquisitione per Archidiaconum Lincolnie, custodiam ejusdem ecclesie est adeptus usque ad proximos ordines post Natale, anno pontificatus domini Episcopi xij°, ut tunc veniat ordinandus. Et mandatum est, etc.

[Geoffrey, clerk, presented by the Brethren of St. Lazarus, receives the charge of Braceborough.]

LINCOLN' : [BRASSINGBURG'].—Galfrido, clerico, presentato per Fratres Sancti Lazari ad quandam portionem ecclesie de Brassingburg', commissa est custodia ejusdem portionis usque ad ordines Sancti Michaelis, anno pontificatus domini Episcopi xij°.

[Hugh, clerk, presented by Henry de Braibroc, is to receive the charge of the church of Horsenden, Bucks, if the Archdeacon of Buckingham's Official is satisfied that he will attend the schools.]

[HORSINDON'.]—Mandatum est Officiali Bukinghamie quod si Hugo, clericus, presentatus per Henricum de Braibroc ad ecclesiam de Horsindon' securum eum fecerit quod scolas frequentabit et addiscet, tunc ei custodiam illius ecclesie usque ad ordines Natalis, anno pontificatus domini Episcopi xij°, committat, ut tunc iterum veniat examinandus, et si in scolis profecerit ita ut dignus fuerit in subdiaconum ordinetur. Mandatum est etiam eidem Officiali quod interim diligenter inquirat de vita et conversatione tam ejusdem Hugonis quam aliarum personarum et vicariorum in archidiaconatu Bukinghamie, qui cum onere frequentandi scolas et addiscendi admissi sunt ad sua beneficia, et si addiscat, ut dominum Episcopum inde possit certificare cum fuerit super hoc requisitus. Postea [assign]atus fuit terminus alius custodie usque ad Pentecosten, anno pontificatus domini Episcopi xiij°, ut tunc veniat ordinandus in subdiaconum. [*In the margin :*—] Bukinghamie.

[*Robert de Budliers, clerk, presented by Gilbert Hansard, is to receive charge of the church of Thornton-le-Moor.*]

[THORENTON.]—Mandatum est Archidiacono Lincolnie quod Roberto de Budliers, clerico, ad ecclesiam de Thorenton' per Gilbertum Hansard' presentato, ipsam custodiam habere faciat usque ad ordines proximo celebrandos ante Natale, anno pontificatus domini Episcopi xij°, accepta prius ab eo sufficienti cautione quod tunc veniet in subdiaconum ordinandus, alioquin ipsum vicarie dicte privet custodia.

ANNUS XIII^us INCIPIENS.

[*Roger de Andevre, clerk, presented by the Prior and Convent of St. Fromund, is instituted to the church of Saxby.*]

SAXEBY.—Rogerus de Andevre, clericus, presentatus per Priorem et conventum de Sancto Fromundo ad ecclesiam de Saxeby, admissus est, et in ea canonice persona institutus ; salva de eadem ecclesia dictis Priori et conventui una marca annua per manum dicti Rogeri et successorum suorum nomine perpetui beneficii percipienda, scilicet, in festo Sancti Michaelis dimidia marca, et in festo Ascensionis Domini dimidia marca. Et mandatum est Archidiacono Lincolnie, etc.

[*Thomas de Claypol, deacon, presented by Geoffrey de Claipol, is instituted to a mediety of the church of Claypole.*]

CLAYPOL.—Thomas de Claypol, diaconus, presentatus per Galfridum de Claipol, militem, ad medietatem ecclesie de Claipol, facta prius inquisitione per W., Archidiaconum Lincolnie, etc., et Roberto de Laxinton', clerico, et Johanne, vicario de Tadewell', jus quod se dicebant habere in dicta medietate non prosequentibus,

VOL. III.

cum semel, secundo, et tertio ad hoc fuissent citati, admissus est, et in eadem medietate canonice persona institutus. Et mandatum est dicto Archidiacono, etc.

[*Hugh, son of Robert, chaplain, presented by the Prioress and Nuns of St. Michael, Stamford, is instituted vicar of St. Martin, Stamford. The vicarage is described.*]

ECCLESIA SANCTI MARTINI DE STANFORD' VICARIA.— Hugo filius Roberti, cappellanus, presentatus per Priorissam et moniales Sancti Michaelis de Stanford' ad perpetuam vicariam ecclesie Sancti Martini de Stanford', facta prius inquisitione per W., Archidiaconum Lincolnie, etc., admissus est, et vicarius perpetuus institutus. Habebit autem vicarius nomine vicarie sue totum alteragium, reddendo annuatim dictis monialibus Sancti Michaelis duas marcas argenti. Provisum est etiam per dominum Episcopum quod si cappella de Burgel' divinum officium debeat habere, dicte moniales onus illius cappelle sustinebunt. Et mandatum dicto Archidiacono, etc.

[*Joscius de Bilingburgh, clerk, presented by the Prior of the Order of Sempringham, is instituted to the church of Horbling.*]

LINCOLN': HORBLINGE.—Joscius de Bilingburg', clericus, presentatus per Priorem totius ordinis et Priorem et moniales de Sempingeham ad medietatem ecclesie de Horblinge, facta prius inquisitione per Magistrum R. de Brincle, Officialem Archidiaconi Lincolnie, etc., et Rogero Jollem, qui in curia domini Regis impedivit dictos Priores et moniales super advocatione ipsius medietatis, recognoscente dictum jus in eadem curia esse ipsorum Priorum et monialium, prout dominus Rex per litteras suas domino Episcopo significavit, admissus est, et in ea canonice persona institutus, cum onere ut ad ordines proximos ante festum Sancti Michaelis, anno pontificatus domini Episcopi xiij°, veniat in subdiaconum ordinandus, et quod addiscat in scolis continue, usque parrochiam sciat regere, a dicto festo Sancti Michaelis in annum, venturus ad dominum Episcopum ut tunc examinetur qualiter in scolis profecerit; alioquin dominus Episcopus in institutione ipsius Joscii eundem dicta medietate ecclesie privavit. Et mandatum est Archidiacono Lincolnie quod secundum formam premissam, etc. Ceterum protestatus est dominus Episcopus ante institutionem dicti Joscii quod in hoc detulit ad presens dictis Prioribus et monialibus de Sempingeham'; salvo inposterum jure ipsius Episcopi et successorum suorum, quod dictam medietatem juxta constitutionem Concilii alii medietati non consolidavit.

[*Osbert, chaplain, presented by Henry de Claxeby, is instituted to the church of Claxby Pluckacre.*]

CLAXEBY.—Osbertus, cappellanus, presentatus per Henricum de Claxeby ad ecclesiam de Claxeby, facta prius inquisitione per Archidiaconum Lincolnie, per quam, etc., admissus est, et in ea canonice persona institutus, cum onere eidem ecclesie in propria persona deserviendi. Et mandatum est, etc.

[*Bartholomew, clerk, presented by Nicholaa de Haya, is instituted to the church of Swaton.*]

SUAVETON'.—Bartholomeus, clericus, presentatus per dominam Nicholaam de Haya ad ecclesiam de Swaveton', facta prius inquisitione per magistrum R. de Brincle, Officialem Archidiaconi Lincolnie, per quam negotium, etc., admissus est, et in ea canonice persona institutus; salva [*sic*] de eadem ecclesia Abbati et conventui de Exaquio viij^{to} marcis annuis per manum dicti B. et successorum suorum, nomine perpetui beneficii percipiendis, scilicet, in festo Sancti Michaelis ij marcis, in festo Purificationis ij marcis, ad Pascha ij marcis, ad festum Sancti Johannis Baptiste ij marcis. Et injunctum est W., Archidiacono, tunc presenti, ut, etc.

[*William, chaplain, presented by the Abbot and Convent of St. Martin, at Séez, is instituted to the church of St. Peter-ad-placita, Lincoln.*]

SANCTI PETRI AD PLACITA LINCOLN'.—Willelmus, cappellanus, presentatus per Abbatem et conventum Sancti Martini de Sagio ad ecclesiam Sancti Petri ad Placita Lincoln', postquam W., Archidiaconus Lincolnie, viva voce pro inquisitione dixerat negotium esse in expedito, admissus est, et in ea canonice persona institutus, cum onere vicariorum. Et injunctum est eidem Archidiacono, presenti, etc.

[*Richard de Torph, chaplain, presented by Nicholas the parson, is instituted to a mediety in the church of Westborough.*]

WESTBURG'.—Ricardus de Torph, cappellanus, presentatus per Nicholaum, personam, [ad] medietatem ecclesie de Westburg', de consensu W. Bardulf', predicte medietatis patroni, postquam W., Archidiaconus Lincolnie, dixerat viva voce pro inquisitione negotium esse in expedito, admissus est, etc., cum onere vicariorum. Percipiet, autem, idem R. nomine vicarie sue medietatem omnium minutarum decimarum, et obventionum ad altare predicte ecclesie provenientium, cum tofto quod Isabella, vidua, aliquando tenuit. Et injunctum est Archidiacono, presenti, ut, etc.

[*Alexander de Bicho, clerk, presented by Henry Smerehorn, is instituted to the church of Kirkby.*]

KIRKEBY.—Alexander de Bicho, clericus, presentatus per Henricum Smerehorn ad ecclesiam de Kirkeby, facta prius inquisitione per W., Archidiaconum Lincolnie, per quam, etc., et susceptis litteris domini Regis quod idem Henricus, in curia ipsius domini Regis, coram justiciariis suis, recuperavit seisinam suam de advocatione ecclesie de Kirkeby versus Alanum Briwer' per assisam ultime presentationis, et quod ad presentationem dicti Henrici dominus Episcopus idoneam personam admittat ad dictam ecclesiam de Kirkeby, est admissus, et canonice persona institutus, sub pena incontinentibus inflicta. Et mandatum est Archidiacono Lincolnie, etc.

[*Geoffrey de Grimesby, clerk, presented by Robert Passelewe, the rector, is instituted vicar of Irby-on-Humber.*]

YREBI VICARIA.—Galfridus de Grimesb', clericus, presentatus ad vicariam ecclesie de Yresbi per Robertum Passelewe, ipsius ecclesie rectorem, de assensu et voluntate Hugonis Peitevin, ejusdem ecclesie patroni, facta prius inquisitione per W., Archidiaconum Lincolnie, per quam, etc., ad eandem vicariam admissus est, cum onere et pena vicariorum, et vicarius institutus in eadem ; qui totam predictam ecclesiam nomine vicarie sue tenebit quoad vixerit, reddendo dicto Roberto, ejusdem ecclesie persone, et successoribus suis, tres marcas annuas nomine pensionis. Et injunctum est W. de London', clerico Archidiaconi Lincolnie, quod, etc., et quod provideat quod dicta ecclesia per idoneum capellanum officietur, donec predictus vicarius in [*illegible*].

[*John de Lincolnia, clerk, presented by the Abbot and Convent of Barlings, is instituted to the church of Snelland. A pension of half a mark is reserved to the Convent.*]

SNELLESLAMD.—Johannes de Lincolnia, clericus, presentatus ad ecclesiam [de] Snelleslamd per Abbatem et conventum de Barlines, facta prius inquisitione, etc., admissus est, et persona institutus ; salva dictis Abbati et conventui annua dimidia marca nomine perpetui beneficii, per manum ejusdem, qui pro loco et tempore persona fuerit. Et injunctum Archidiacono Lincolnie, etc.

[*William, clerk, presented by the Abbot and Convent of St. Martin, at Séez, is instituted to the church of St. Peter-ad-placita, Lincoln.*]

¹SANCTI PETRI LINCOLN'.—Willelmus, clericus, presentatus ad ecclesiam Sancti Petri ad Placita Lincolnie per Abbatem et

---

¹ This entry is scored through in the MS.

conventum Sancti Martini Sagiensis, facta prius inquisitione per W., Archidiaconum Lincolnie, etc., admissus est, cum onere vicariorum, Et injunctum est Archidiacono Lincolnie, presenti, etc. [*In the margin :—*] Non habemus litteras inquisitionis nisi vivam vocem Archidiaconi.

[*Robert Cusin, clerk, presented by Ralph de Brueria, is instituted to the church of Beckingham.*]

BEKEINGHAM.—Robertus Cusin, clericus, presentatus ad ecclesiam de Bekingeham per Radulfum de Brueria, militem, facta prius inquisitione per Lincolnie Archidiaconum, admissus est, et persona institutus, cum onere veniendi ad ordines, ut in subdiaconum ordinetur, ad mandatum domini Episcopi. Et mandatum est Archidiacono Lincolnie, etc.

[*Walter de Colingeham, clerk, is instituted to the church of Dunsby.*]

DUMESBY.—Walterus de Colingeham, clericus, cui dominus Episcopus, auctoritate Concilii, ecclesiam de Dumesby contulit, salvo in posterum jure uniuscujusque qui jus patronatus, etc., admissus est, et persona institutus. Et mandatum est Archidiacono Lincolnie, etc.

[*William de Martun, chaplain, presented by William de Engelby, is instituted to a mediety of the church of Kirkby la Thorpe.*]

KIRKEBY.—Willelmus de Martun', capellanus, presentatus per Willelmum de Engelby, militem, ad medietatem ecclesie de Kirkeby, facta prius inquisitione per W., Archidiaconum Lincolnie, etc., admissus est, et in ea canonice persona institutus, cum onere residentie et sub pena incontinentibus inflicta. Et injunctum est Archidiacono, presenti, etc.

[*Adam de Sancto Albano, clerk, presented by Hugh Picot, is instituted to the church of Doddington.*]

DODINTON'.—Adam de Sancto Albano, clericus, presentatus per Hugonem Picot, militem, ad ecclesiam de Dodinton', facta prius inquisitione per W., Archidiaconum Lincolnie, per quam, etc., admissus est, et in ea canonice persona institutus. Et injunctum est Archidiacono, presenti, etc. Non habemus litteras presentationis quas nobis dictus Adam exhibere tenetur.

[*Henry de Wadingewurh, clerk, presented to the Abbot and Convent of Bardney, is instituted to the church of Partney.*]

PARTENEI.—Henricus de Wadingewurh', clericus, presentatus per Abbatem et conventum de Barden' ad ecclesiam de Partenei, facta prius inquisitione per Archidiaconum Lincolnie, per quam, etc., et Ricardo de Halton', qui proximo fuit rector ejusdem ecclesie, confitente in jure se uxoratum esse et eandem ecclesiam resignante, admissus est, et in ea canonice persona institutus. Et injunctum est Archidiacono, presenti, etc. Non habemus litteras inquisitionis.

[*Thomas de Beverlaco, clerk, already possessing one mediety, is instituted to the whole church of Firsby.*]

FRISEBY.—Magistro Thome de Beverlaco, clerico, qui prius fuit rector unius medietatis ecclesie de Friseby, et postea ad aliam medietatem per Abbatem et conventum de Barden' fuit presentatus, dominus Episcopus illam ecclesiam consolidavit, et dictum Magistrum Thomam ad totam eandem ecclesiam admisit, et in ea canonice personam instituit ; salva eis de eadem ecclesia debita et antiqua pensione. Et mandatum est Archidiacono Lincolnie, etc.

[*Richard de Bestorp'. chaplain, presented by Bartholomew, the parson, is instituted to a vicarage of ten marks in the church of Swaton.*]

SWAVETON' VICARIA.—Ricardus de Bestorp', capellanus, presentatus per Bertholomeum, personam ecclesie de Swaveton' de consensu domine Nicholae, patrone, ad vicariam decem marcarum annuarum in certis portionibus assingnandam in eadem ecclesia, admissus est, et in ea perpetuus vicarius institutus, cum onere et pena vicariorum. Et injunctum est Archidiacono Lincolnie ut provideat in quibus portionibus illa vicaria competenter possit consistere, et quod inducat, etc. Consistit autem ipsa vicaria in toto alteragio tam matricis ecclesie quam capelle de Suaneby, cum tertia parte tofti ecclesie versus aquilonem, et solvet vicarius sinodalia, et hospitium Archidiacono procurabit. [*In the margin :—*] Non habemus litteras presentationis nec literas de consensu.

[Mem. 4.]

[*John de Lincolnia, sub-deacon, presented by Adam son of Reginald, is instituted vicar of a mediety of the church of Navenby.*]

NAVENBY.—Johannes de Lincolnia, subdiaconus, presentatus per Adam, filium Reginaldi, personam medietatis ecclesie de Navenby, de consensu Abbatis et conventus Sancti Martini Sagiensis, ad vicariam dicte medietatis admissus est, et vicarius perpetuus institutus, cum onere et pena vicariorum. Habebit autem idem Johannes nomine vicarie sue totam dictam medietatem ecclesie, reddendo inde unum aureum annuum eidem Ade, tamquam persone, nomine pensionis, et veniet idem Johannes ordinandus in diaconum ad ordines celebrandos in Quadragesima, anno pontificatus domini Episcopi xiiij°. Preterea dictus Adam faciet habere domino Episcopo litteras patentes presentationis sue facte ad dictam vicariam, in quibus eadem vicaria taxabitur. Et mandatum est Archidiacono Lincolnie per Decanum civitatis Lincolnie, etc.

[*Ranulph de Ferrariis, clerk, presented by the Prior and Convent of Spalding, is instituted to a mediety of the church of East Keal.*]

ESKEL' MEDIETAS.—Ranulfus de Ferrariis, clericus, presentatus per Priorem et conventum de Spalding' ad medietatem ecclesie de Eskel' quam Alanus de Verona tenuit, admissus est, et canonice persona institutus. Et mandatum est Archidiacono Lincolnie, etc. Non habemus litteras presentationis quas, presentatus nobis exhibebit.

[*Richard de Torp, chaplain, presented by the parson, is instituted vicar of a mediety of the church of Westborough. The vicarage is described.*]

WESTBURC.—Ricardus de Torp', capellanus, presentatus per Nicholaum, personam medietatis ecclesie de Westburc, de consensu Domini W. Bardulf, patroni, ad vicariam ejusdem medietatis, admissus est, et vicarius perpetuus institutus, cum onere et pena vicariorum. Et consistit dicta vicaria in omnibus decimis et obventionibus ad altare predicte medietatis pertinentibus, cum tofto quod Isabel, mulier, tenuit. Et injunctum est Archidiacono Lincolnie ut, etc. Nec habemus inquisitionem nisi vivam vocem Archidiaconi.

[*John, son of Peter, clerk, presented by the Abbot and Convent of Croxden, is instituted to a mediety of the church of Kirkby la Thorpe.*]

KIRKEBY MEDIETAS.—Johannes filius Petri, clericus, presentatus per Abbatem et conventum de Crokenden' ad medietatem ecclesie de Kirkeby, facta prius inquisitione per Archidiaconum Lincolnie, etc., ad eandem medietatem est admissus, et in ea canonice persona institutus; salvo jure Willelmi de Kirkeby, cappellani, quod se dicit habere in vicaria illius ecclesie, qui nomine vicarie sue totam illam ecclesiam, ut dicit, tenebit quoadvixerit, solvendo inde annuatim persone ejusdem ecclesie quatuor solidos nomine pensionis. Et injunctum est clerico Archidiaconi, etc. Non habemus litteras presentationis sue; tradantur Willelmo, clerico Archidiaconi.

[*Thomas, clerk, presented by Ralph son of Simon, is instituted to the church of South Ormsby.*]

ORMESBY.—Thomas, clericus, presentatus per Radulfum filium Simonis, militem, ad ecclesiam de Ormesby, facta prius inquisitione per Archidiaconum Lincolnie, per quam, etc., admissus est, et canonice persona institutus. Et mandatum est Archidiacono Lincolnie, etc. Non habemus litteras presentationis.

[*William de Bamburg, presented by Idonea, widow of Robert de Saucetorp', is instituted to the mediety of the church of Sausthorpe which H. de Bamburg had held.*]

SAUCETORP'.—Magister Willelmus de Bamburg, presentatus per Idoneam, quondam uxorem Roberti de Saucetorp', ratione custodie terre et heredis dicti Roberti, ad medietatem ecclesie de Sausetorp' quam H. de Bamburg' aliquando ut persona tenuit, facta prius inquisitione per Archidiaconum Lincolnie, etc., admissus est, et in eadem medietate canonice persona institutus. Et injunctum est Archidiacono Lincolnie, etc. Non habemus litteras presentationis.

[*Adam de Oteby, acolyte, presented by Hugh Brito in right of his wife, is instituted to the church of Hatton. The vicarage, described, is reserved to Richard de Hatton.*]

HATTON'.—Adam de Oteby, acolitus, presentatus per Hugonem Britonem, ratione Constantie, uxoris sue, ad ecclesiam de Hatton, facta prius inquisitione per Archidiaconum Lincolnie, etc., admissus est, et persona institutus; salva Ricardo de Hatton', subdiacono, perpetua vicaria sua, quam ad presentationem dicti Ade, persone, et de consensu prefati Hugonis Britonis, patroni, habet in eadem ecclesia; qui totam ipsam ecclesiam nomine vicarie sue quoad vixerit tenebit, reddendo inde prefato Ade, tamquam persone, viginti solidos annuos nomine pensionis. Et mandatum est Archidiacono, etc. Non habemus litteras presentationis.

[*Geoffrey de Menton, sub-deacon, presented by the Master and Brethren of the Hospital of St. Lazarus, is instituted to a mediety of the church of Braceborough.*]

BASSINGEBURC.—Galfridus de Menton', subdiaconus, presentatus per Magistrum et fratres Hospitalis Sancti Lazari ad medietatem ecclesie de Brassingburc, facta prius inquisitione per Archidiaconum Lincolnie, admissus est, et persona institutus, cum onere vicariorum. Et injunctum est Officiali, etc. Non habemus litteras.

[On the dorse of the roll :—]

[Walter, on the presentation of the Prior of Durham, is instituted Prior of St. Leonard's, Stamford.]

ANNUS TERTIUS DECIMUS, LINCOLN' [DOMUS SANCTI LEONARDI DE STANFORD'].—Anno pontificatus domini Episcopi xiij°, die Martis proxima post festum Sancti Barnabe Apostoli, apud Westmonasterium extra cappellam Sancte Katerine, Frater Walterus, monachus, presentatus per Priorem Dunholm' in Priorem domus Sancti Leonardi de Stanford', admissus est, et Prior, ut moris est, canonice per dominum Episcopum institutus. Idem autem Prior Sancti Leonardi, postquam dominus Episcopus ipsum cura dicte domus per librum investierat, canonicam obedientiam domino Episcopo, successoribus et officialibus suis, se juravit exhibiturum. Acta sunt hec coram domino J., Bathoniensi Episcopo, dicto Priore Dunholm' et monachis suis, Thoma de Fiskerton', cappellano, Rogero, cappellano domini Bathoniensis, Magistro Willelmo de Lincolnia.

[The charge of the church of Snelland is entrusted to John de Neuport, on the presentation of the Abbot and Convent of Barlings.]

SNELLESLUND'.—Custodia ecclesie de Snelleslund commissa est Johanni de Neuport, clerico, ad eam per Abbatem et conventum de Barling' presentato. Et mandatum est Archidiacono Lincolnie, etc.

[The charge of the church of Claxby Pluckacre is entrusted to Osbert de Hadenham, on the presentation of Henry de Claxebi.]

CLAXEBI.—Custodia ecclesie de Claxebi commissa Osberto de Hedenham, cappellano, ad eam per Henricum de Claxebi presentato. Et mandatum est Archidiacono Lincolnie, etc.

[On the face of the roll :—]

LINCOLN'.—ANNUS QUARTUS DECIMUS.

[Gilbert, son of Gilbert Cusin, clerk, presented by the Earl of Chester, is instituted to the church of Little Steeping.]

PARVA STEPINGK'.—Gilbertus, filius Gilleberti Cusin, clericus, presentatus per nobilem virum, R., Comitem Cestrie, ad ecclesiam de Parva Stepingk', facta prius inquisitione per Archidiaconum Lincolnie, admissus est, et persona institutus, cui, sub debito juramenti, injunctum est ut scolas frequentet, alioquin, etc. Et mandatum est Archidiacono, etc.

[*Elias de Lamburn, clerk, presented by the Abbot and Convent of Bourne, is instituted to the church of Dunsby.*]

DUNESBY.—Magister Elyas de Lamburn', clericus, presentatus per Abbatem et conventum de Brunn' ad ecclesiam de Dunesby, facta prius inquisitione per Archidiaconum Lincolnie, etc., et Ricardo Selvein, milite, qui jus patronatus sibi vendicavit in eadem ecclesia, toti juri quod habebat in eodem patronatu [renunciante] et idem jus pro se et heredibus suis predictis Abbati et conventui in perpetuum concedente, admissus est, et canonice persona institutus; salva ordinatione domini Episcopi quam in eadem ecclesia duxerit faciendam. Et mandatum est Decano de Avalund', etc.

[*Robert de Sancto Medardo, clerk, presented by the Master and Convent of Sempringham after a dispute about the patronage, is instituted to the church of Norton.*]

NORTON.—Robertus de Sancto Medardo, clericus, presentatus per Magistrum ordinis et conventum de Sempingeham ad ecclesiam de Norton', facta prius inquisitione per Archidiaconum Lincolnie, et susceptis litteris domini Regis quod Prior de Sempingeham, in curia ipsius domini Regis coram justiciariis suis apud Westmonasterium, per judicium ejusdem curie, recuperavit seisinam suam de advocatione ecclesie de Norton' versus Johannem de Ysegny, et Magistro Roberto de Wadinton', qui opposuit se presentationi dicti Roberti de Sancto Medardo, dicendo se esse personam ecclesie de Norton', deficiente in probatione sue intentionis, cum idem Magister Robertus de Wadinton', coram Magistris Willelmo de Cantuaria et Roberto de Brincle, gerentibus vicem domini Episcopi Lincolniensis, in jure constitutus, confessus esset se aliud jus non habere in ecclesia de Norton' quam quod J., quondam rector ecclesie de Norton', concessit quod idem Robertus de Wadinton', succederet eidem J. in ejusdem ecclesie personatu, et quod idem J. vicarius fieret ejusdem ecclesie de persona, admissus est, et persona institutus. Et injunctum est ei ut veniat ad proximos ordines post Natale a domino Episcopo celebrandos, anno pontificatus ejusdem Episcopi quartodecimo, in subdiaconum ordinandus. Et mandatum est Decano de Grafho, etc.

[*Nicholas de Hounecastro, chaplain, presented by the Abbot and Convent of Revesby, is instituted to the church of Hagnaby.*]

HAHENEBY.—Nicholaus de Hounecastro, cappellanus, presentatus per Abbatem et conventum de Revesby ad ecclesiam de Hahenesby, facta prius inquisitione per W., Archidiaconum Lincolnie, etc., admissus est, et in ea canonice persona institutus, cum onere in ea residendi, et eidem ecclesie in ordine sacerdotali in propria persona deserviendi. Et mandatum est Decano de Buling-broc, etc.

[*Richard de Windleshor, clerk, presented by Gerard de Husbell, is instituted to the mediety of the church of Claypole which Richard de Oxonia had held. A pension is reserved to the Abbot and Convent of Bardney.*]

CLEIPOL.—Magister Ricardus de Windleshor', clericus, presentatus per Gerardum de Husbell', militem, ad medietatem ecclesie de Cleipol quam Ricardus de Oxonia, clericus, proximo tenuit, Abbate et conventu de Bardeney consentientibus, admissus est, et in ea canonice persona institutus; salva eidem Abbati et conventui debita et antiqua pensione, et salvo dicto Ricardo de Oxonia, clerico, wainagio suo de anno presenti, anno pontificatus domini Episcopi quartodecimo. Et mandatum est Decano de Stubetun' quod secundum formam premissam dictum Magistrum Ricardum de Windleshor', etc.

[*Robert de Kelleshey, chaplain, presented by the Prior and Convent of Elsham, is instituted vicar of Kirkby St. Andrew.*]

KIRKEBY.—Robertus de Kelleshey, cappellanus, presentatus per Priorem et conventum de Ellesham ad perpetuam vicariam ecclesie de Kirkeby in Archidiaconatu Lincolnie, ordinatam auctoritate Concilii, prout in rotulis Archidiaconi continetur, admissus est, et vicarius perpetuus institutus, cum onere et pena vicariorum. Cappellanus autem cappelle de Oseleby, cui parochiani ejusdem cappelle pro stipendiis suis sex quarteria siliginis et unum avene annuatim persolvent ad festum Sancti Michaelis, ita quod si iidem parochiani a dicta solutione cessent, cesset dicta capella penitus a divinis, respondebit et intendet quamdiu celebraverit in eadem cappella qui pro tempore fuerit in ecclesia de Kirkeby. Et injunctum est Decano Lincolnie. [*In the margin:*—] Non habemus litteras presentationis nec inquisitionis.

[*Roger, chaplain, presented by Robert Bardulf, is instituted to the chapel of Castle Carlton.*]

KARLETON'.—Rogerus [*blank*], cappellanus, presentatus per Robertum Bardulf ad cappellam de Karleton', facta prius inquisitione per W., Archidiaconum Lincolnie, etc., admissus est, et persona institutus, cum onere in eadem residendi, et eidem in officio sacerdotali deserviendi. Et injunctum Decano de Kalkewell', etc. [*In the margin:*—] Faciet nobis habere litteras inquisitionis.

[*Alexander de Stoke. clerk, presented by the Abbess and Convent of Winchester, is instituted to the church of Gretford. The pension is reserved to the Nuns.*]

GRETFORD'.—Alexander de Stok', clericus, presentatus per Abbatissam et moniales Wintonie ad ecclesiam de Gretford', facta prius inquisitione per W., Archidiaconum Lincolnie, etc., et eodem Alexandro prius in subdiaconum per dominum Londoniensem ordinato, admissus est, et persona institutus; salva dictis monialibus de eadem ecclesia pensione, si quam probaverint esse debitam et antiquam. Injunctum est etiam dicto Alexandro quod nullam pensionem eis solvet donec probaverint quod sit debita et antiqua. Et mandatum est Archidiacono Lincolnie, etc. [*In the margin:—*] Pridie Idus Aprilis institutio facta est.

[*Simon de Kyma, clerk, parson of three portions, presented by William de Swaby, is instituted to the fourth portion in the churches of St. Nicholas and St. Margaret, Swaby.*]

LINCOLN': SWABY.—Simon de Kyma, clericus, persona trium portionum in ecclesiis tam Sancti Nicholai quam Sancte Margarete de Swaby, presentatus per Willelmum de Swaby ad quartam portionem in eisdem, facta prius inquisitione per R., Archidiaconum Lincolnie, per quam, etc., admissus est, et facta est consolidatio istius quarte portionis cum tribus portionibus premissis. Et mandatum est Archidiacono Lincolnie ut, etc.

[*Nicholas de Freing', chaplain, presented by Sarah de Wutton, in right of her dowry, is instituted to the church of Wootton.*]

WUTTON'.—Nicholaus de Freing', cappellanus, presentatus per Dominam Sarram de Wutton' ad ecclesiam de Wutton', ratione dotis sue, facta prius inquisitione per R., Archidiaconum Lincolnie, etc., admissus est, et persona institutus, cum onere residendi in eadem, etc., et salvo jure imposterum Simonis de Ver, si quod habet, in patronatu ejusdem ecclesie. Et mandatum est, etc.

[*Peter de Stanford, presented by the Prioress and Nuns of St. Michael, Stamford, is instituted to the church of St. Clement, Stamford.*]

ECCLESIA SANCTI CLEMENTIS DE STANFORD'.—Octavo kalendas Octobris Petrus de Stanford', presentatus per Priorissam et moniales Sancti Michaelis de Stanford' ad ecclesiam Sancti Clementis de Stanford', facta prius inquisitione per Archidiaconum Lincolnie, per quam, etc., admissus est, et in ea canonice persona institutus, cum onere in ea residendi, et eidem ecclesie in ordine sacerdotali in propria persona deserviendi, et cum onere et pena vicariorum inflicta. Et mandatum est Archidiacono Lincolnie, etc.

[*Richard, son of Ralph, sub-deacon, presented by the same Ralph, son of Simon, is instituted to the church of Ketsby.*]

KETELBY.—Octavo kalendas Octobris, Ricardus filius Radulfi, subdiaconus, presentatus per ipsum Radulfum filium Simonis, patrem suum, ad ecclesiam de Ketelby, facta prius inquisitione per Archidiaconum Lincolnie, etc., admissus est, et persona institutus, ita quod scolas excerceat et in scolis addiscat, alioquin per sententiam jam latam dominus Episcopus ipsum R. predicta ecclesia privavit. Et injunctum est dicto Archidiacono Lincolnie quod ipsum R. secundum formam premissam, etc.

[*Richard, son of Baldwin, sub-deacon, presented by the Prior and Monks of Castleacre, is instituted to the church of Fleet. Their portion is reserved to the Monks.*]

FLETE.—Sexto kalendas Octobris, Ricardus filius Baldewini, subdiaconus, presentatus per Priorem et monachos de Castelacra ad ecclesiam de Flete, vacantem eo quod Willelmus de Winchecumbe, qui proximo fuit persona ejusdem ecclesie, institutus est persona post Concilium Lateranense in ecclesia de Eyneston', cum etiam omnia alia sint in expedito, admissus est ad eandem ecclesiam de Flete, et in ea persona canonice institutus; salva portione ejusdem ecclesie predictis monachis de Castelacra per dominum Episcopum et Capitulum suum Lincolniense in proprios usus concessa et confirmata, prout in rotulo cartarum istius anni plenius continetur. Et injunctum est Archidiacono Lincolnie, presenti, quod secundum formam premissam, etc.

Johannes, Archidiaconus Bedfordie, datus fuit procurator per litteras patentes dicti Prioris et conventus ad presentandum ad ecclesiam de Flete hac vice. Et littere ille procuratoris deposite fuerunt in scriniis domini Episcopi. [*In the margin :*—] Non habemus litteras inquisitionis.

[*Bononius, chaplain, presented by William de Yngoldesby, Canon of Salisbury, is instituted vicar of the prebend of Grantham.*]

VICARIA PREBENDE DE BOREALI DE GRAHAM'.—Nono kalendas Octobris, Bononius, cappellanus, presentatus per Willelmum de Yngoldesby, canonicum Saresbiriensem, ad perpetuam vicariam prebende sue de Graham, de consensu domini Ricardi, Saresbiriensis Episcopi, facta prius inquisitione per R., Archidiaconum Lincolnie, etc., admissus est, et perpetuus vicarius canonice institutus. Et consistit dicta vicaria in toto altelagio dicte prebende, de quo altelagio vicarius solvet annuatim dicto canonico et successoribus suis illius prebende canonicis, scilicet, quinquaginta solidos ad

Pascha, et quinquaginta solidos ad festum Sancti Michaelis. Et sustinebit idem vicarius omnia onera parochialia dictam prebendam contingentia, et respondebit de sinodalibus pro sua portione. Et injunctum est dicto Archidiacono Lincolnie quod, etc.

[*William Gulafre, clerk, presented by the Master of Sempringham and the Prior and Convent of Ormsby, is instituted to the church of Ludborough.*]

LUDBURG'.—Sexto kaléndas Novembris, Willelmus Gulafre, clericus, presentatus per Magistrum ordinis de Sempingham, et Priorem et conventum de Ormesby, ad ecclesiam de Ludburg', facta prius inquisitione per R., Archidiaconum Lincolnie, etc., admissus est, et in ea canonice persona institutus sub pena Concilii. Et mandatum est, etc.

[*Thomas de Netilton, clerk, presented by the Prior and Convent of Spalding, is instituted to the church of Addlethorpe.*]

HARDELTORP'.—Tertio idus Novembris Thomas de Netilton', clericus, presentatus per Priorem et conventum de Spalding' ad ecclesiam de Hardeltorp', facta prius inquisitione per R., Archidiaconum Lincolnie, per quam, etc., admissus est, et in ea canonice persona institutus. Et injunctum est ei quod ad proximos ordines domini Episcopi post festum Sancti Michaelis, anno pontificatus sui xiiij°, Deo dante, celebrandos, veniet in subdiaconum ordinandus. Et mandatum est dicto Archidiacono quod, etc.

[*On the dorse of the roll :—*]

[*The charge of the Nuns of St. Michael, Stamford, is entrusted to Richard de Scoter, monk of Burgh.*]

DOMUS SANCTI MICHAELIS DE STANFORD'.—Anno pontificatus domini Episcopi xiiij°, die Jovis proxima post festum Sancti Benedicti in Quadragesima, apud Netelham, commissa est custodia monialium domus Sancti Michaelis de Stanford' Ricardo de Scoter, monacho de Burgo, prestita prius ab eo domino Episcopo canonica obedientia. Et mandatum est R., Archidiacono Lincolnie, quod eum pro predicto custode ejusdem domus habeat.

[*Robert de Sammar, monk of Whitby, presented by the Prioress and Nuns of Stainfield, is instituted Master of their House.*]

STEINFELD'.—Anno pontificatus domini Episcopi xiiij°, pridie nonas Aprilis, Robertus de Sammar', quondam monachus de Witteby, presentatus per Priorissam et moniales de Steinfeld', de consensu Ricardi de Perci, patroni, in Magistrum ejusdem domus de Steinfeld', facta prius inquisitione per Willelmum, prius Archidiaconum Lincolnie, super electione predicta per quam constabat ipsam electionem esse canonicam, et Abbate et conventu de Wyteby concedentibus per litteras suas patentes, domino Episcopo transmissas quod dictus Robertus predictam quoadvixerit geret administrationem, admissus est, et Magister domus de Steinfeld' institutus. Et mandatum est Priorisse et monialibus dicte domus quod eidem Roberto tanquam Magistro suo sint obedientés et intendentes. Acta sunt hec extra Horncaster, presentibus Willelmo, Decano Lincolnie, Magistro Rogero de Lattcock', Nicholao de Evesham, Magistro Roberto de Gravel' et Radulfo de Warevill, canonicis Lincolnie, Osberto, persona de Horncaster, Willelmo de Winchecumb, Olivero de Chedneto, Phillippo de Langeport', et Johanne de Bannebiria, clericis.

[*The election of Adam de Asewardeby, Sacristan of Bardney, to the abbacy, presented by his Convent, is confirmed.*]

[BARDENEY].—Anno pontificatus domini Episcopi xiiij°, sexto idus Septembris, Frater Adam de Asewardeby, quondam sacrista de Bardeney, electus in Abbatem de Bardeney, et presentatus per litteras patentes Prioris et conventus ejusdem loci domino Episcopo, susceptis etiam litteris domini Regis patentibus de consensu adhibito eidem electione [*sic*], facta etiam, prout moris est, diligenti inquisitione per Decanum et Archidiaconum Lincolnie apud Abbatiam de Bardeney, super predicta electione, cum omnia tam de persona electi quam de forma electionis, etc., essent in expedito, confirmatus est, et eodem die invocata Sancti Spiritus gratia, benedictus.

[Mem. 5.]

ANNUS QUINTUS DECIMUS.

[*Robert de Rouwell, dean, presented by the Abbot and Convent of Thornton, is instituted to the church of Carlton-le-Moorland. A pension of 50 shillings is reserved to the Convent if proved to be due.*]

KARLETON'.—Robertus de Rouwell', decanus, presentatus per Abbatem et conventum de Torinton' ad ecclesiam de Karleton', facta prius inquisitione per R., Archidiaconum Lincolnie, per quam, etc., admissus est, et in ea canonice persona institutus ; salva dictis Abbati et conventui de eadem ecclesia 1 solidorum pensione, si eam probaverint esse debitam et antiquam. Et injunctum est eidem Roberto quod eam non solvat donec probetur esse debita et antiqua. Et mandatum est dicto Archidiacono quod secundum formam premissam, etc.

[*Walter de Colingham, clerk, presented by the Prior and Convent of Haverholme, is instituted to a mediety of the church of Ruskington.*]

RISKINTON'.—Walterus de Colingham', clericus, presentatus per Priorem et conventum de Haverholm' ad medietatem ecclesie de Riskinton', facta prius inquisitione per Archidiaconum Lincolnie, per quam, etc., admissus est, etc. Actum tertio idus Martii, pontificatus nostri anno quintodecimo. Et mandatum est Archidiacono Lincolnie, etc.

[*Thomas de Wilgeby, sub-deacon, presented by Robert le Tus de Munby, R. de Wilgeby, and Alice de Munby, is instituted to the church of Cumberworth.*]

CUMBERWORD'.—Thomas de Wilgeby, subdiaconus, presentatus ad ecclesiam de Cumberword' per Robertum le Tus de Munby et R. de Wilgeby, milites, et dominam Aliciam, viduam, de Munby, facta prius inquisitione per R., Archidiaconum Lincolnie, per quam, etc., admissus est, et in ea canonice persona institutus; ita tamen quod scolas frequentet. Et injunctum est Archidiacono Lincolnie, etc. Actum pridie kalendas Aprilis.

[*Henry Costard, clerk and sub-deacon, presented by the Prior and Convent of Kyme, is instituted to the church of Asgarby. The ancient pension is reserved to the Convent.*]

[ASGARBY].—Henricus Costard, clericus, subdiaconus, presentatus per Priorem et conventum de Kima ad ecclesiam de Asgarby, facta prius inquisitione per R., Archidiaconum Lincolnie, per quam, etc., admissus est, etc.; ita tamen quod scolas frequentet; salva eisdem Priori et conventui de ecclesia eadem debita et antiqua duorum solidorum pensione. Et injunctum est Archidiacono, presenti, etc. Actum pridie Kalendas Aprilis.

[*Ranulph, the vicar, presented by R. de Toteshal', is instituted to the church of Gunby, of which the rectory and vicarage are consolidated.*]

GUMEBY.—Ranulfus, vicarius ecclesie de Gumeby, subdiaconus, presentatus per R. de Toteshal' ad personatum ejusdem ecclesie, facta prius inquisitione per Archidiaconum Lincolnie, per quam, etc., admissus est, et in ea persona canonice institutus; et consolidata est vicaria personatui. Et injunctum est Archidiacono Lincolnie, presenti, etc. Actum ut supra.

[*John de Frodingeham, sub-deacon, is collated to the church of Gayton.*]

GAYTON'.—Johannes de Frodingeham', subdiaconus, cui dominus Episcopus contulit ecclesiam de Gayton' auctoritate

Concilii, ad eandem admissus est, et in ea canonice persona
institutus. Et injunctum est Archidiacono Lincolnie, presenti, etc.
Actum ut supra.

[*Richard, son of John de Halton, sub-deacon, presented by Robert, son of William de Halton, is instituted to the church of Halton.*]

HALTON'.—Ricardus, filius Johannis de Halton', subdiaconus,
presentatus per Robertum, filium Willelmi de Halton', ad ecclesiam
de Halton', facta prius inquisitione per R., Archidiaconum Lincolnie,
etc., admissus est, et in ea persona canonice institutus. Et
injunctum est Archidiacono Lincolnie, presenti, etc. Actum ut
supra.

[*Simon de Wivelingham, chaplain, presented by the Prior and Convent of Sixhills, is instituted vicar of Ludford Magna. The vicarage is described.*]

MAGNA LUFFORD'.—Simon de Wivelingham, cappellanus,
presentatus per Priorem et con[ventum] de Sixsel', ordinis de
Sempingham, ad perpetuam vicariam ecclesie de Magna Lufford',
facta prius inquisitione per R., Archidiaconum Lincolnie, per quam,
etc., ad eandem, ordinatam auctoritate Concilii, admissus est, et
cum onere et pena vicariorum perpetuus vicarius institutus in
eadem. Consistit autem vicaria ipsa in toto altelagio, preter linum
tantum; et reddet vicarius annuatim dictis Priori et conventui sex
marcas, qui hospitium Archidiacono procurabunt, et cetera onera
tam ordinaria quam extraordinaria imperpetuum sustinebunt, et
providebunt vicario mansum competentem. Et injunctum est
dicto Archidiacono, presenti, ut, etc. Actum ut supra. Non
habemus litteras presentationis nec inquisitionis.

[*Ingeram de Tawell, chaplain, presented by the Abbot and Convent of Newhouse, is instituted vicar of Killingholme. The vicarage is described.*]

KILVINGHOLM'.—Ingeramus de Tawell', cappellanus, presentatus per Abbatem et con[ventum] de Neuhus ad perpetuam vicariam
ecclesie de Kilvingholm', ordinatam auctoritate Concilii, facta prius
inquisitione, etc., per R., Archidiaconum Lincolnie, etc., ad eandem
admissus est, et in ea, sub pena et onere vicariorum, vicarius
perpetuus institutus. Et habuimus vivam vocem Archidiaconi pro
inquisitione. Consistit autem vicaria predicta in toto altelagio,
exceptis decimis agnorum et lane, butiro, caseo, et primo legato;
et solvit vicarius tantum sinodalia, et invenit luminaria. Dicti
autem Abbas et conventus hospitium Archidiacono procurabunt,
et cetera onera tam ordinaria quam extraordinaria inperpetuum

VOL. III.

sustinebunt, et providebunt vicario mansum competentem. Et injunctum est Archidiacono, presenti, ut, etc.

[John de Hulmo, presented by the Abbot and Convent of Aunay, is instituted vicar of Limber.]

LIMBERG' VICARIA.—Magister Johannes de Hulmo, presentatus per Abbatem et conventum de Alneto ad perpetuam vicariam ecclesie de Limberg', quam Ricardus filius Baldewini habuit in eadem, facta prius inquisitione per R., Archidiaconum Lincolnie, per quam, etc., admissus est, cum onere et pena vicariorum, et perpetuus vicarius institutus in eadem. Et injunctum est R., Archidiacono Lincolnie, ut, etc. Non habemus litteras presentationis nec inquisitionis, nisi vivam vocem Archidiaconi Lincolnie.

[Maurice de Neuport, deacon, presented by the Prior and Convent of Nocton, is instituted vicar of Dunston. The vicarage is described.]

DUNESTON' VICARIA.—Mauricius de Neuport', diaconus, presentatus per Priorem et con[ventum] de Noketon' ad vicariam ecclesie de Duneston', facta prius inquisitione per R., Archidiaconum Lincolnie, per quam, etc., admissus est, et in eadem sub onere et pena vicariorum perpetuus vicarius institutus. Consistit autem dicta vicaria in toto altaragio, et in medietate decimarum garbarum. Et injunctum est R., Archidiacono, presenti, ut, etc.

[Geoffrey de Feuger', sub-deacon, presented by the Earl of Chester, is instituted to the church of Torrington, vacant by the resignation of Richard de Woley.]

TORINTONA.—Galfridus de Feuger', subdiaconus, presentatus per dominum Comitem Cestrie ad ecclesiam de Torintona, vacantem per resignationem Ricardi de Woley, qui eam prius tenuit, facta prius inquisitione per R., Archidiaconum Lincolnie, per quam, etc., admissus est, et in ea canonice persona institutus. Et mandatum est dicto Archidiacono quod, etc. Actum xiiij kalendas Junii.

[Peter de Croiland, chaplain, presented by the Abbot and Convent of Croyland, is instituted to the church of St. Michael, Stamford. A pension is reserved to the Convent.]

SANCTI MICHAELIS STANFORD'.—Petrus de Croiland', cappellanus, presentatus per Abbatem et con[ventum] Croiland', ad ecclesiam Sancti Michaelis de Stamford', facta prius inquisitione per R., Archidiaconum Lincolnie, per quam, etc., admissus est, et in ea canonice persona institutus; salvis dictis Abbati et monachis de ecclesia xx^{ti} solidis annuis nomine pensionis, si eam probaverint esse debitam et antiquam. Et mandatum est dicto Archidiacono ut, etc.

[*Robert de Ridal, deacon, presented by the Prior and Convent of Drax, is instituted vicar of Swinstead. The vicarage is described.*]

SUINHAMSTED' VICARIA.—Robertus de Ridal', diaconus, presentatus per Priorem et con[ventum] de Drax ad perpetuam vicariam ecclesie de Swinhamsted', facta prius inquisitione per R., Archidiaconum Lincolnie, per quam, etc., admissus est cum onere et pena vicariorum, et vicarius perpetuus institutus in eadem. Et mandatum est Archidiacono Lincolnie ut ipsum in corporalem, etc., et ut eidem R. scolas frequentanti deferat de vocando eum ad ordines superiores donec dominus Episcopus id specialiter mandaverit. Consistit autem ipsa vicaria in medietate totius ecclesie; et sustinebit onera parrochialia et medietatem omnium aliorum onerum. Canonici, qui aliam medietatem possident, pro sua medietate respondebunt. Non habemus literas presentationis.

[*Walter de Saltfolb', sub-deacon, presented by William de Manneby, is instituted to the church of Manby.*]

MANNEBY.—Walterus de Saltfolb'[?], subdiaconus, presentatus per Willelmum de Manneby, militem, ad ecclesiam de Manneby, facta prius inquisitione per R., Archidiaconum Lincolnie, per quam, etc., admissus est, et in ea canonice persona institutus. Et mandatum est dicto Archidiacono ut, etc. Non habemus literas presentationis.

[*Thomas de Oxecumb', chaplain, presented by Michael le Moine, is instituted to the mediety of the church of Bag Enderby, vacated by Thomas de Enderby.*]

ENDERBY.—Thomas de Oxecumb', cappellanus, presentatus per Michaelem le Moine, ratione dotis uxoris sue, ad medietatem ecclesie de Enderby, vacantem per resignationem Thome de Enderby qui eam prius tenuit, facta prius inquisitione per R., Archidiaconum Lincolnie, per quam, etc., admissus est, cum onere et pena vicariorum, et persona institutus in eadem medietate. Et mandatum est dicto Archidiacono ut, etc.

[*Roger de Scitebroc, chaplain, presented by the Abbot and Convent of Torr, is instituted vicar of Skidbrook. The vicarage is described.*]

SKITEBROC.—Rogerus de Scitebroc, cappellanus, presentatus per Abbatem et con[ventum] de Thor' ad perpetuam vicariam ecclesie de Scitebroc auctoritate Domini Episcopi ordinatam, facta prius inquisitione per R., Archidiaconum Lincolnie, per quam, etc., admissus est, cum onere et pena vicariorum, et vicarius perpetuus institutus in eadem. Consistit autem dicta vicaria in toto alteragio preter medietatem piscarie, que remanebit inperpetuum dictis

Abbati et con[ventui] de Thor'. Habebit, etiam, vicarius de terra ecclesie illius duas acras et dimidiam de terra arrabili ad toftum suum in loco competente assignandum, et duas acras prati ad equum suum sustentandum; et sustinebit omnia onera parochialia, episcopalia, archidiaconalia pro tribus partibus prelibate ecclesie, quamdiu vixerit Ricardus, qui tenet quartam portionem ejusdem ecclesie, et sustinet omnia onera predicta pro quarta parte quam habet in ecclesia memorata; dicto autem Ricardo qui illam partem tenet, de medio sublato tantum vicaria fuerit in solidum. Idem vicarius sustinebit omnia onera predicta in solidum. Et mandatum est dicto Archidiacono ut, etc.

[*Thomas de Cherlecott', clerk, presented by Robert de Davill', is instituted to a pension of 10 shillings in the church of West Barkwith. The vicarage is reserved to R., dean of York.*]

PARVA BARKWRD'.—Thomas de Cherlecott', clericus, presentatus per Robertum de Davill', militem, ad pensionem decem solidorum in ecclesia de Parva Barcwrth', facta prius inquisitione per R., Archidiaconum Lincolnie, per quam, etc., admissus est ad eandem, cum onere residentiam faciendi in ea cum vacaverit, et persona institutus; salva R., Decano Eboraci, quoadvixerit vicaria sua quam habet in eadem. Et mandatum est dicto Archidiacono, etc.

[*Euseby de Gumecestria, clerk, presented by the Master of the Order of Sempringham and Convent of Bullington, is instituted to the church of South Reston, vacant by the resignation of Alexander.*]

RISTONA.—Euseby de Gumecestria, clericus, presentatus per Magistrum Ordinis de Sempingham et Conventum de Bullinton' ad ecclesiam de Ristona, per resignationem Alexandri, cappellani, ad dictam ecclesiam, jam pridem per eosdem Magistrum et con[ventum] presentati, qui omne jus quod habuit in eadem ecclesia per predictorum Magistri et con[ventus] de Bulington' presentationem in manus Archidiaconi Lincolnie sollempniter resignavit, facta prius inquisitione per eundem R., Archidiaconum Lincolnie, per quam, etc., admissus est, cum onere et pena vicariorum si onus debitum sit ibidem, et in ea canonice persona institutus. Et mandatum est dicto Archidiacono ut, etc.

[*On the dorse :—*]

[*Philip, monk of Séez, presented by the Abbot and Convent, is instituted Prior of Wenghale.*]

PRIORATUS DE WINGHALL'.—Philippus, monachus Sagiensis, presentatus per Willelmum, Abbatem, et con[ventum] Sancti

Martini Sagiensis ad prioratum de Winghall', per litteras in forma subscripta, ad eundem prioratum admissus est, et per librum ut moris est institutus. Et mandatum est Archidiacono Lincolnie ut curam eidem habere faciat tam in interioribus quam in exterioribus predictam domum de Winghall' contingentibus. Actum quinto-decimo kalendas Julii, presentibus Magistro H. de Greneford', Johanne de Tanton' et Galfrido Scoto, cappellanis, Magistris Ada de Clenefeld' et Ricardo de Windlesh', Willelmo de Winchcumba et Johanne de Bannebiria, clericis.

Reverendo, etc., Abbas et con[ventus] Sagienses, salutem. Dilectum fratrem et monachum nostrum, Philippum, latorem pre-sentium, ad prioratum domus nostre Sancti Johannis de Winghall' vacantem, sancte paternitati vestre presentamus, ea qua possumus devotione supplicantes quatinus ipsum ad prefatum prioratum admittatis, quod ad vestrum spectat officium circa personam ipsius exequentes. Valeat sanctitas vestra semper in Domino.

[*On the face :—*]

LINCOLN'.—ANNUS SEXTUS DECIMUS.

[Ralph de Hethfeld, sub-deacon, presented by the Abbot and Convent of Croyland, is instituted to the church of Fordington. A pension of 20 shillings is reserved to the Convent.]

FORDINTON'.—Radulfus de Hethfeld', subdiaconus, presentatus per Abbatem et conventum de Croilond' ad ecclesiam de Fordin-ton', facta prius inquisitione per R., Archidiaconum Lincolnie, per quam negotium fuit in expedito, ad eandem admissus est, et in ea canonice persona institutus. Et injunctum est dicto Archidiacono ut dictum Radulfum induci faciat in corporalem dicte ecclesie possessionem ; salva dictis Abbati et conventui de eadem ecclesia annua viginti solidorum pensione, cum eam probaverint esse debitam et antiquam.

[William de Paxston, chaplain, presented by the Abbot and Convent of Croyland, is instituted vicar of Langtoft. The vicarage is described.]

LANGETOFT'.—Willelmus de Paxston', capellanus, presentatus per Abbatem et conventum Croiland' ad perpetuam vicariam ecclesie de Langetoft, facta prius inquisitione per R., Archidia-conum Lincolnie, per quam, etc., ad eandem vicariam cum onere et pena vicariorum admissus est, et in ea vicarius perpetuus insti-tutus. Consistit autem dicta vicaria in toto alteragio, et in omni-bus decimis preter decimam garbarum et feni; et solvet dicto Abbati et conventui dimidiam marcam annuam. Et sustinebit vicarius omnia onera episcopalia, archidiaconalia, et parochialia, et habet mansum edificatum et sex acras terre arabilis, et unam rodam et unam acram prati, et valet v marcas ad firmam, et fuit ordinata per W., bone memorie Lincolniensis Episcopum. Et injunctum est dicto Archidiacono, presenti, ut, etc.

[*John de Lincolnia, sub-deacon, presented by the Abbot and Convent of Croyland, is instituted to the church of Ulceby. A pension of 20 shillings is reserved to the Convent.*]

ULSEBY.—Magister Johannes de Lincolnia, subdiaconus, presentatus per Abbatem et conventum Croiland' ad ecclesiam de Ulseby, facta prius inquisitione per R., Archidiaconum Lincolnie, per quam, etc., admissus est, et in ea canonice persona institutus. Et injunctum est dicto Archidiacono, presenti, ut, etc.; salva dictis Abbati et conventui perceptione viginti solidorum annua, si eam probaverint esse debitam et antiquam.

[*Hugh, chaplain, presented by Lucy de Yreby, is instituted to the church of Irby-in-the-Marsh.*]

YREBY.—Hugo, capellanus, presentatus per Luciam de Yreby ad ecclesiam de Yreby, ratione custodie terre et heredis Simonis, filii Ricardi, facta prius inquisitione per R., Archidiaconum Lincolnie, per quam, etc., admissus est, et in ea canonice persona institutus. Et injunctum est dicto Archidiacono, presenti, ut, etc. Admissus quidem est cum onere et pena vicariorum.

[*John de Kare, sub-deacon, presented by King Henry, is instituted to the church of Fulbeck.*]

FULEBEC'.—Johannes de Kare, subdiaconus, presentatus per Dominum H., illustrem Regem Anglorum, ratione terrarum Britonum existentium in manu sua, ad ecclesiam de Fulebeck', facta prius inquisitione per R., Archidiaconum Lincolnie, per quam, etc., admissus est, et in ea canonice persona institutus. Et injunctum est dicto Archidiacono, presenti, ut, etc.

[*Ralph de Graham, sub-deacon, presented by the Abbot and Convent of Bardney is instituted to the church of Firsby. A pension of 10 shillings is reserved to the Convent.*]

FRISEBY.—Magister Radulfus de Graham', subdiaconus, presentatus per Abbatem et conventum de Bardenay ad ecclesiam de Friseby, facta prius inquisitione per R., Archidiaconum Lincolnie, per quam, etc., admissus est, et in ea canonice persona institutus. Et injunctum est dicto Archidiacono, presenti, ut, etc.; salvis dictis Abbati et conventui perceptione x solidorum annua, cum eam probaverint esse debitam et antiquam.

[*William de Hal', clerk, presented by Thomas de Multon, after a dispute about the patronage, is instituted to the church of Holbeach.*]

HOLEBECH'.—Willelmus de Hal', clericus, presentatus per Dominum Thomam de Multon', militem, ad ecclesiam de Holebech', facta prius inquisitione per R., Archidiaconum Lincolnie, per quam, etc., susceptis etiam litteris Domini Regis, quod convenit in curia ipsius coram justiciariis suis apud Westmonasterium, inter dictum Thomam de Muleton', petentem, et Radulfum, Priorem de Spauling', inpedientem, de advocatione prefate ecclesie de Holebech', unde placitum fuit inter eos in prefata curia, scilicet, quod predictus Prior recognovit advocationem predicte ecclesie esse jus ipsius Thome, et illam remisit et quietam clamavit de se et successoribus suis ipsi Thome et heredibus suis inperpetuum; et Martino de Pateshull' presentationi sue renunciante, admissus est, et in ea, sub pena Concilii, canonice persona institutus. Et mandatum est dicto Archidiacono ut, etc.

[*Walter, chaplain, presented by William de Albiniaco, is instituted Master of the Hospital of Uffington.*]

UFFINTON'.—Walterus, cappellanus, presentatus per Dominum Willelmum de Albiniaco ad Hospitale de Uffinton', facta prius inquisitione per R., Archidiaconum Lincolnie, per quam, etc., admissus est ad illud, et in eo canonice Magister institutus; salva ordinatione dicti Archidiaconi in eodem Hospitali auctoritate Domini Episcopi facienda. Et mandatum est dicto Archidiacono ut, etc. Habuimus vivas voces pro presentatione et inquisitione.

[*Henry, chaplain of Robert de Roz, presented by W., rector of the Hospital of St. Thomas, of Bolton, Northumberland, is instituted to the church of Stroxton.*]

[SRHESTUN'.]—Henricus, cappellanus Domini Roberti de Roz, presentatus per W., cappellanum, Rectorem Hospitalis Beati Thome Martiris de Boelton', ad ecclesiam de Srhestun', facta prius inquisitione per R., Archidiaconum Lincolnie, per quam, etc., admissus est, et in ea canonice persona institutus. Et injunctum est dicto Archidiacono ut, etc. Non habemus inquisitionem.

[*Richard de Fordinton, sub-deacon, presented by the Abbot and Convent of Croyland, is instituted to the church of Raithby.*]

[RATHEBY.]—Ricardus de Fordinton', subdiaconus, presentatus per Abbatem et con[ventum] Croyland' ad ecclesiam de Ratheby, facta prius inquisitione per R., Archidiaconum Lincolnie, Nicholao etiam de Ratheby, qui ab initio se opposuit, tandem in jure competente et mera et spontanea voluntate concedente quod predicti Abbas et conventus memoratum clericum hac vice presentent, salvo jure suo in posterum admittendi, per que, etc., admissus est et in ea canonice persona institutus. Et injunctum est dicto Archidiacono ut, etc. Non habemus litteras presentationis.

[Geoffrey, chaplain, presented by the Prior and Convent of Bullington, is instituted vicar of Torrington.]

[TIRINGTON'.]—Galfridus, cappellanus, presentatus per Priorem et con[ventum] de Bolington' ad perpetuam vicariam ecclesie de Tirington', per Dominum Episcopum auctoritate Concilii ordinatam, facta prius inquisitione per R., Archidiaconum Lincolnie, per quam, etc., admissus est, et in ea cum onere et pena vicariorum vicarius perpetuus institutus. Et injunctum est dicto Archidiacono ut, etc. Non habemus inquisitionem.

[William, chaplain, presented by the Prior and Convent of Sixhills to one mediety of the vicarage of the church of West Wickham, and by the Prior and Convent of Markby to the other, is instituted vicar.]

[WEST WIKAM.]—Willelmus, cappellanus, presentatus per Priorem et con[ventum] de Sixille ad unam medietatem vicarie ecclesie de West Wikam, et per Priorem et [conventum] de Markeby ad aliam in eadem, facta prius inquisitione per R., Archidiaconum Lincolnie, per quam, etc., admissus est, et in eis, cum onere et pena vicariorum, vicarius perpetuus institutus. Ordinata est autem ut in rotulo vicariarum. Et injunctum est dicto Archidiacono ut, etc. Aliter est in presentatione. Non habemus inquisitionem.

[Richard de Newerc, chaplain, presented by Geoffrey de Bocland, canon of the prebenda australis of Grantham, is instituted vicar of the same. The vicarage is described.]

[GRAHAM.]—Ricardus de Newerc, cappellanus, presentatus per Galfridum de Boclond', canonicum prebende australis de Graham, ad perpetuam ejusdem prebende vicariam, consensu Domini Sarresberiensis et capituli sui Sarresberiensis ad id accedente, ad eandem admissus est, et in ea vicarius perpetuus est institutus. Consistit autem dicta vicaria in medietate alteragii tam de Graham quam de Gunwardeby, et in omnibus proventibus altarium de Horton' et de Bresteby; et solvet vicarius dicto G., et successoribus suis ejusdem prebende canonicis, centum solidos annuos nomine pensionis; et in officio sacerdotali personaliter ibidem ministrabit sustinendo omnia onera parochialia dictam prebendam contingentia. Et mandatum est dicto Archidiacono ut, etc.

[Henry de Tamewurth, chaplain, is collated to the church of Dunsby.]

[DUNNESBY.]— Henricus de Tamewurth', capellanus, cui Dominus Episcopus ecclesiam de Dunnesby, auctoritate Concilii, contulit, salvo jure uniuscujusque qui jus patronatus in ea evicerit, ad eandem admissus est, et in ea persona canonice institutus, licet prius mandatum fuit Archidiacono Lincolnie ut dictum H., etc., secundum quod in rotulo memorandorum continetur.

[Mem. 6.]

[Thomas de Siwin', sub-deacon, presented by Hugh de Verly, is instituted to the church of East Barkwith.]

EST BARKWRD'.—Thomas de Siwin', subdiaconus, presentatus per Hugonem de Verly, militem, ad ecclesiam de Est Barkewarth', facta prius inquisitione per R., Archidiaconum Lincolnie, per quam, etc., admissus est, et in ea canonice persona institutus. Et injunctum est Archidiacono, presenti, ut, etc.

[Robert, son of Ulkellus de Maring', chaplain, presented by Robert de Dalderbia, is instituted to the church of St. Martin, Dalderby.]

DALDERBY SANCTI MARTINI.—Robertus, filius Ulkelli de Maring', cappellanus, presentatus per Robertum de Dalderbia, militem, ad ecclesiam Sancti Martini de Dalderby, facta prius inquisitione per R., Archidiaconum Lincolnie, per quam, etc., admissus est, et in ea cum onere et pena vicariorum canonice persona institutus. Et injunctum est Archidiacono, presenti, ut, etc. Non habemus literas inquisitionis nisi vivam vocem dicti Archidiaconi.

[Ralph, chaplain, presented by G., Abbot of Newhouse, is instituted to the church of Kirmington.]

KYRMINGTON'.—Radulfus, cappellanus, presentatus per G., Abbatem de Neuhus, ad perpetuam vicariam ecclesie de Kirmington', facta prius inquisitione per R., Archidiaconum Lincolnie, per quam, etc., admissus est, et in ea, cum onere et pena vicariorum, vicarius perpetuus institutus. Et injunctum est dicto Archidiacono ut, etc. Non habemus litteras presentationis nisi vivam vocem Archidiaconi. Fuit autem hec vicaria ordinata per Dominum Episcopum auctoritate Concilii.

[Philip de Sauflet, clerk, presented by Odo Galle de Saufleteby, is instituted to the church of St. Clement, Saltfleetby.]

SANCTI CLEMENTIS DE SALTFLEDEBY.—Philippus de Sauflet, clericus, presentatus per Odonem Galle de Saufleteby ad ecclesiam Sancti Clementis de Saufleteby, facta prius inquisitione per R., Archidiaconum Lincolnie, per quam, etc., admissus est et in ea canonice institutus.   Et injunctum est dicto Archidiacono, presenti, ut, etc.   Subdiaconus est.

[*Geoffrey, vicar of two portions of the church of Fulletby, presented by W. de Wyleby and Alina de Harington, is instituted parson of the same portions.*]

FULNETEBY.—Galfridus, vicarius duarum partium ecclesie de Fulneteby, presentatus per W. de Wyleby, militem, et Dominam Alinam de Harington' ad partium earundem personatum, facta prius inquisitione per R., Archidiaconum Lincolnie, per quam, etc., admissus est, et in eisdem partibus persona canonice est institutus. Et injunctum est dicto Archidiacono, presenti, ut, etc.

[*Ralph de Ver, chaplain of W., Dean of Lincoln, presented by the Prior and Convent of Kyme, is instituted to the church of Ewerby. The pension is reserved to the canons.*]

YWARBY.—Radulfus de Ver, W., Decani Lincolnie, cappellanus, presentatus per Priorem et conventum de Kyma ad ecclesiam de Ywarby, vacantem eo quod Magister Robertus de Ywarby, prius rector ejusdem, aliud recepit beneficium cui cura animarum est annexa, ad eandem ecclesiam admissus est, et in ea canonice persona institutus ; salva dictis canonicis debita et antiqua pensione de eadem.   Et injunctum est R., Archidiacono, presenti, ut, etc.   Non habemus literas inquisitionis.

[*Geoffrey de Toln, clerk, presented by Gerard de Howell, is instituted to the mediety of the church of Claypole, which Richard de Windlesores had held. A pension of 10 shillings is reserved to the Monks.*]

CLAYPOL.—Galfridus de Toln', clericus, presentatus per Gerardum de Howell', militem, ad illam medietatem ecclesie de Claypoll' quam Magister Ricardus de Windlesores proximo tenuit, Abbate et conventu de Bardeney consentientibus, admissus est, et in ea canonice persona institutus ; salva eisdem monachis debita et antiqua decem solidorum pensione de eadem ; salvo etiam dicto Magistro R. wainagio suo hujus anni ibidem.   Et mandatum est R., Archidiacono, ut secundum formam premissam, etc.

[*Robert de Weinflet, chaplain, presented by the Abbot and Convent of Bourne, is instituted to the church of Skellingthorp. The pension is reserved to the Convent.*]

SKELLINGHO.—Robertus de Weinflet, capellanus, presentatus per Abbatem et conventum de Brunna ad ecclesiam de Skellingho, facta prius inquisitione per R., Archidiaconum Lincolnie, et Domina

Ysabella de Doveria juri quod se dicebat habere in advocatione ejusdem per literas suas patentes omnino renunciante, per que, etc., ad eandem ecclesiam admissus est, et in ea canonice persona institutus, cum onere ministrandi personaliter in eadem et habendi alium capellanum idoneum socium quamdiu vixerit, et in ea secum ministrantum ; salva dictis Abbati et conventui debita et antiqua pensione. Et mandatum dicto Archidiacono ut, etc.

[*Roger de Faversham, clerk, presented by the Prior and Convent of Shelford, is instituted to the church of St. Peter-by-the-Bridge, Lincoln. The pension is reserved to the Convent.*]

SANCTI PETRI LINCOLNIE.—Magister Rogerus de Faver-sham', clericus, presentatus per Priorem et conventum de Selford' ad ecclesiam Beati Petri prope pontem Lincolnie, facta prius inquisitione per R., Archidiaconum Lincolnie, per quam, etc., admissus est, et in ea canonice persona institutus ; salva dictis Priori et conventui de eadem debita et antiqua pensione. Et mandatum est dicto R., Archidiacono, ut, etc..

[*Robert de Cotes, chaplain, presented by the Abbot and Convent of Bourne, is instituted to the church of West Deeping. The pension is reserved to the Convent.*]

WEST DEPYNG'.—Robertus de Cotes, cappellanus, presentatus per Abbatem et conventum de Brunna ad ecclesiam de West Deping', facta prius inquisitione per R., Archidiaconum Lincolnie, et Domina Isabella de Doveria juri quod se dicebat habere in advocatione ejusdem per litteras suas patentes omnino renunciante, Aluredo etiam clerico propter insufficienciam litterature refutato, per que, etc., idem R. ad eandem admissus est, et in ea canonice persona institutus ; salva eidem Abbati et con[ventui] de eadem debita et antiqua pensione. Et mandatum est dicto R., Archi-diacono, ut, etc.

[*Richard de Windlesores, presented by the Prior and Convent of Thurgarton, is instituted to the church of Potter Hanworth. The pension is reserved to the Canons.*]

HANEWRD'.—Magister Ricardus de Windlesores, presentatus per Priorem et conventum de Thurgarton' ad ecclesiam de Hane-wurth', facta prius inquisitione per R., Archidiaconum Lincolnie, et Willelmo de Hanewurth', clerico, fraudulenter prius presentato, juri suo penitus renunciante coram Archidiacono predicto, per que, etc., ad eandem admissus est, et in ea canonice persona est institutus ; salva dictis canonicis de ea debita et antiqua pensione. Et mandatum est dicto Archidiacono ut, etc.

[Richard de Burgo, presented by the Abbot and Convent of Bardney, a dispute having been settled, is instituted to the church of Sotby.]

SOTEBY.—Cum controversia mota inter dilectos filios Magistros Willelmum de Nevill' et Ricardum de Burgo super ecclesia de Soteby per ordinationem nostram, tam partium quam Abbatis et conventus de Barden', patronorum ipsius, interveniente assensu, sopita sit, secundum quod in rotulo cartarum plenius continetur, dictus Magister R., ad ipsam ecclesiam per predictos Abbatem et conventum presentatus, admissus est, et in ea canonice persona est institutus. Et mandatum est R., Archidiacono Lincolnie, ut dictum R., etc.

[Hugh le Abbe, chaplain, presented by the Abbot and Convent of Olveston, is instituted to the church of North Witham. The pension is reserved to the Convent.]

NORHWIME.—Hugo le Abbe, cappellanus, presentatus per Abbatem et con[ventum] de Oselveston' ad ecclesiam de North-wimeth', facta prius inquisitione per R., Archidiaconum Lincolnie, per quam, etc., admissus est, et in ea canonice persona institutus ; salva dictis Abbati et con[ventui] de eadem ecclesia debita et antiqua pensione. Et mandatum est dicto Archidiacono ut, etc. Non habemus literas presentationis.

[Walter de Heyles, sub-deacon, presented by the Abbot and Convent of Bourne, is instituted to the church of South Hykeham. The pension is reserved to the Canons.]

HICHAM.—Walterus de Heyles, subdiaconus, presentatus per Abbatem et conventum de Brunna ad ecclesiam de Hicham, facta prius inquisitione per R., Archidiaconum Lincolnie, Domina etiam Ysabella de Doveria juri quod habuit, vel habere videbatur, pre-sentandi ad eandem per literas suas patentes renunciante, per que, etc., ad eandem admissus est, et in ea canonice persona institutus ; salva dictis canonicis debita et antiqua pensione de eadem. Et injunctum est Archidiacono, presenti, ut, etc.

[Philip de Karleby, parson of one mediety of the church of Carlby, presented by Philip de Wasten, is instituted to the other mediety.]

KARLEBY.—Philippus de Karleby, persona unius medietatis ecclesie de Karleby, presentatus ad aliam medietatem per Philippum de Wasten', patronum ejusdem, facta prius inquisitione per R., Archidiaconum Lincolnie, per quam, etc., ad eandem medietatem admissus est, et in ea canonice persona institutus. Et injunctum est dicto R., Archidiacono, ut, etc.

[*Peter de Lincolnia, sub-deacon, presented by the Master of the Order of Sempringham, and Prior and Convent of Alvingham, is instituted to two portions of
the church of Stainton-le-Vale.*]

STEINTON'.—Petrus de Lincolnia, subdiaconus, presentatus
per Magistrum ordinis de Sempingham' et Priorem et conventum
de Avingeham' ad duas partes ecclesie de Steinton', facta prius
inquisitione per R., Archidiaconum Lincolnie, etc., per quam, etc.,
ad easdem admissus est, et in eisdem canonice persona institutus.
Et injunctum est R., Archidiacono, presenti, ut, etc. Non habemus
literas presentationis nec inquisitionis.

[*Richard, son of Ralph, sub-deacon, presented by the Abbot and Convent of Croyland, is instituted to the church of Raithby. The pension is reserved to the
monks.*]

RADEBY.—Ricardus filius Radulfi, subdiaconus, presentatus
per Abbatem et conventum Croyland' ad ecclesiam de Radeby,
facta prius inquisitione per R., Archidiaconum Lincolnie, per
quam, etc., admissus est, et in ea canonice persona institutus; salva
eisdem monachis debita et antiqua pensione de eadem. Et injunctum est Archidiacono, presenti, ut, etc.

[*Richard de Sutton, sub-deacon, presented by the Master of the Order of Sempringham, and the Prior and Convent of Ormsby, after a dispute about the patronage,
is instituted to the church of Welton-le-Wold.*]

WELETON'.—Ricardus de Sutton', subdiaconus, presentatus
per Magistrum ordinis de Sempingham' et Priorem et conventum
de Ormesby ad ecclesiam de Welleton, facta prius inquisitione per
R., Archidiaconum Lincolnie, per quam, etc.; susceptis etiam litteris
Domini Regis quod Prior de Ormesby in curia ipsius Domini
Regis coram justiciariis suis apud Westmonasterium, per considerationem ejusdem curie recuperavit presentationem suam ad
ipsam ecclesiam de Welleton', versus Conanum de Welleton',
admissus est, [et] in ea canonice persona institutus. Et injunctum
est dicto Archidiacono, presenti, ut, etc.

[*Alexander de Stanford, sub-deacon, presented by the Abbot and Convent of
Thorney, is instituted to the church of St. Guthlac, Market Deeping.*]

EST DEPING'.—Magister Alexander de Stanford', subdiaconus, presentatus per Abbatem et conventum de Thorn' ad
ecclesiam Sancti Guthlaci de Est Deping', facta prius inquisitione
per R., Archidiaconum Lincolnie, per quam, etc., ad eandem
admissus est, et in ea canonice persona institutus. Et mandatum
est dicto Archidiacono ut dictum Magistrum, etc.

[*On the dorse :—*]

[*Henry de Fiskerton, monk, presented by the Abbot of Peterborough, is instituted to the priory of the nuns of St. Michael, Stamford.*]

PRIORATUS DE STANFORD'.—Henricus de Fiskerton', monachus, presentatus per Abbatem de Burgo ad prioratum monialium Sancti Michaelis de Stanford', ad eundem admissus est, et in eo per librum, ut moris est, institutus.   Et mandatum est R., Archidiacono Lincolnie, ut corporalem ejusdem prioratus cum pertinenciis, administrationem habere faciat eidem H., sicut fieri consuevit.

[*On the face :—*]

LINCOLN'.—ANNUS XVII[us.]

[*Geoffrey de Templo, presented by the Master of the Templars, is instituted vicar of Aslackby.   The vicarage is described.*]

ASLAKEBY.—Galfridus de Templo, diaconus, presentatus per Fratrem Alanum Martel, Magistrum Milicie Templi in Anglia, ad perpetuam vicariam ecclesie de Aslakesby, quam Radulfus de Calkewell ultimo tenuit, facta prius inquisitione per R., Archidiaconum Lincolnie, per quam, etc., ad eandem admissus est, et in ea canonice vicarius perpetuus institutus, cum onere quod ad mandatum Episcopi personaliter ministrabit in eadem.   Consistit autem dicta vicaria in toto alteragio predicte ecclesie, et in omnibus minutis decimis, et in decima garbarum de villa de Anethorp.   Et mandatum est dicto Archidiacono ut dictum Galfridum inducat in corporalem dicte vicarie possessionem.

[*Thomas de Collingham, clerk, presented by the Prior of Shelford, after a dispute about the patronage, is instituted to two third parts in the church of Rippingale. A pension of 20s. a year is to be paid to Alexander Picot, the other claimant, until he is provided for.*]

REPPINGHAL'.—Cum vacarent due tertie partes in ecclesia de Reppinghal' per mortem G., quondam Precentoris Lincolnie, et Prior de Seldford', receptis per eum literis Domini Regis continentibus ipsum coram justiciariis apud Westmonasterium recuperasse presentationem suam ad tertiam partem predicte ecclesie, versus Hugonem de Ringedun', per assisam ultime presentationis ibi captam, Magistrum Thomam de Collingham', clericum, ad illam tertiam, Ricardus autem de Repinghale, miles, alterius tertie patronus, Alexandrum Picot, clericum, ad ipsam tertiam presentarent, Episcopus juxta provincialis Concilii Oxonie celebrati statuta satagens in illis duabus tertiis unicum clericum instituere, tandem, de consensu partium presentantium, videlicet, et presentatorum predictas duas tertias predicto Magistro Thome auctoritate sua contulit, ipsumque canonice personam instituit in eisdem. Idem vero Magister institutus, sponte, simpliciter, et absolute bona fide promisit se daturum de camera predicto Alexandro, clerico, xx^{ti} solidos annuos in festo Sancti Michaelis, donec illi in uberiori beneficio provisum fuerit per Priorem supradictum. Actum, presentibus W., Decano Lincolnie, R. Lincolnie, J. Bedeford', et M. Buckingham', Archidiaconis, Magistro W. de Lincolnia, Radulfo de Waravill', et W. de Winchecumb', et aliis. Et facta est hec institutio salvo jure patronorum post decessum vel cessionem ipsius instituti.

[Jacinctus, papal chaplain, presented by the Prior and Convent of Durham, is instituted by his proctor to the church of Kirkby-on-Bain.]

KIRKEBY SUPER BEŸNE.—Jacinctus, Domini Pape capellanus, presentatus per Priorem et conventum Dunholm' ad ecclesiam de Kyrkeby super Bein', facta prius inquisitione per R., Archidiaconum Lincolnie, per quam, etc., admissus est, et in ea per W. de Haya, procuratorem suum litteratorie constitutum, canonice persona institutus. Et mandatum est dicto Archidiacono ut ipsum J. per prefatum W., procuratorem suum, secundum formam premissam in corporalem, etc.

[Alfred de Folkingeham, chaplain, is collated to the church of Wyham. Rights are reserved to the chaplain, and to the Prior of Ormsby.]

WYUN.—Aluredus de Folkingeham, capellanus, cui Dominus Episcopus ecclesiam de Wyuyn auctoritate contulit Concilii, ad eandem admissus est, et in ea canonice persona' cum onere et pena vicariorum institutus ; salvo Egidio, capellano, jure suo, si quod habet in ejusdem ecclesie vicaria ;[1] salvo etiam Priori de Ormesby cum eam vacare contigerit jure suo quod habet in medietatis ipsius advocatione, pro quo littere Domini Regis recepte sunt, continentes quod in curia sua coram justiciariis apud Westmonasterium Matheus de Wyun remisit Willelmo, Priori de Ormesby, et successoribus suis et ecclesie sue inperpetuum, et quietum clamavit de se et heredibus suis totum jus et clamium quod habuit vel habere potuit in ejusdem medietatis advocatione,[1] salvo etiam jure cujuslibet inposterum qui jus patronatus evicerit in eadem. Et injunctum est R., Archidiacono Lincolnie, ut, etc.

---

[1] " Vacat " is written against this sentence.

[*Hugh de Merley, vicar of Little Ponton, presented by Baldwin de Ponton, is instituted parson of the same church.*]

PARVA PANTON'.—Hugo de Merley, vicarius ecclesie de Parva Panton', presentatus per Baldewinum de Panton', militem, ad personatum ejusdem ecclesie, facta prius inquisitione per R., Archidiaconum Lincolnie, per quam, etc., admissus est, et in eadem ecclesia canonice persona institutus. Et injunctum est Archidiacono, presenti, ut, etc. Non habemus literas presentationis.

[*Paulinus de Sutton, chaplain, presented by the Abbot and Convent of Bardney, is instituted vicar of Edlington. The vicarage is described.*]

EDLINGTON'.—Paulinus de Sutton', cappellanus, presentatus per Abbatem et conventum de Bardeney ad perpetuam vicariam ecclesie de Edlington', facta prius inquisitione per R., Archidiaconum Lincolnie, per quam, etc., ad eandem admissus est, et in ea cum onere et pena vicariorum vicarius perpetuus institutus ; salva eisdem Abbati et conventui de eadem annua trium marcarum pensione, cum eam probaverint esse debitam et antiquam. Consistit autem dicta vicaria in omnibus minutis decimis et obventionibus totius parochie, et in terra ecclesie, et in omnibus aliis ad prefatam ecclesiam pertinentibus preter decimam garbarum et feni. Fuit autem vicaria ista ordinata per sancte recordationis beatum Hugonem, Episcopum, et valet septem marcas, ut dicitur. Et mandatum est dicto Archidiacono ut, etc.

[*Thomas de Horn, sub-deacon, presented by the Abbot and Convent of Croyland, is instituted to the church of Gedney.*]

GEDDENEYA.—Thomas de Horn', subdiaconus, presentatus per Abbatem et conventum de Croyland' ad ecclesiam de Geddeney, facta prius inquisitione per R., Archidiaconum Lincolnie, per quam, etc., admissus est, et in ea canonice persona institutus. Et inhibitum est eidem Thome sub debito juramenti prestiti ne permittat, quantum in eo est, quod dicti monachi de predicta ecclesia quicquam percipiant donec coram domino Episcopo, vel Archidiacono Lincolnie, de jure suo in hac parte summatim saltem docuerint. Et mandatum est dicto Archidiacono ut, etc.

[*James de Brettevill', chaplain, presented by Robert de Brettevill', is instituted to the chapel of Gunby.*]

GUNNEBY.—Jacobus de Brettevill', capellanus, presentatus per Robertum de Brettevill', militem, ad capellam de Gunneby, facta prius inquisitione per R., Archidiaconum Lincolnie, per quam, etc., ad eandem admissus est, et in ea, cum onere et pena vicariorum, canonice persona institutus. Et injunctum est Archidiacono, presenti, ut, etc.

[*William, chaplain, presented by the Prior of Burwell, is instituted to the church of Walmsgate.*]

WALMESGARE.—Willelmus, capellanus, presentatus per Priorem de Burwell' ad ecclesiam de Walmesgare, facta prius inquisitione per R., Archidiaconum Lincolnie, per quam, etc., admissus est ad eandem, et in ea cum onere et pena vicariorum, canonice persona institutus. Et injunctum est dicto Archidiacono, presenti, ut, etc.

[*Walter de Kuningholm', clerk, presented by Peter de Leckeburn, is admitted to the church of Raithby-by-Louth. The vicarage is reserved to Ernest de Luda.*]

REYTHEBY.—Walterus de Kuningholm', clericus, presentatus per Petrum de Leckeburn' ad ecclesiam de Reytheby, facta prius inquisitione per R., Archidiaconum Lincolnie, per quam, etc., facta etiam per Dominum Episcopum et eundem Archidiaconum de assensu predictorum P. et W., ordinatione tam super personatu ipsius ecclesie quam super vicaria in eadem, ad eandem ecclesiam admissus est, etc. ; salva Ernisio de Luda vicaria eidem ibi assignata, qui totam illam ecclesiam tenebit quoadvixerit, reddendo inde dicto W. et successoribus suis, ejusdem ecclesie personis, duas marcas et dimidiam nomine pensionis ad duos terminos, ad Pascha et ad festum Sancti Michaelis. Et injunctum est eidem Archidiacono, presenti, ut, etc. [*In the margin :—*] Non est subdiaconus. Nec habemus literas patroni.

[*Ernest de Luda, sub-deacon, presented by Walter de Kuningholm', the rector, is instituted vicar of Raithby-by-Louth.*]

VICARIA DE REYTHEBY.—Ernisius de Luda, subdiaconus, presentatus per Walterum de Kuningholm', rectorem ecclesie de Reytheby, de assensu Petri de Lekeburn', patroni ejusdem, ad vicariam ordinatam ut supra, admissus est, etc. ; et concessum est ei quod scolas frequentet, etc.

[*Lambert, chaplain, presented by the Prior and Convent of Butley, is instituted vicar of Bicker. The vicarage is described.*]

VICARIA DE BYKERE.—Lambertus, capellanus, presentatus per Priorem et conventum de Butel' ad perpetuam vicariam ecclesie de Bikere, auctoritate Concilii per Dominum Episcopum ordinatam, facta prius inquisitione per R., Archidiaconum Lincolnie, per quam, etc., ad eandem admissus est, et in ea cum onere et pena vicariorum, etc. Consistit autem dicta vicaria in toto alteragio illius ecclesie cum manso competenti ; et solvet vicarius ij solidos annuos predictis Priori et conventui de Buttel', qui omnia onera illius ecclesie episcopalia et archidiakonalia, ordinaria et extraordinaria, preter sinodalia tantum que vicarius solvet, sustinebunt. Et mandatum est dicto Archidiacono ut dictum Lambertum, etc.

[*Henry de Bischothorp', chaplain, presented by the Prioress and Nuns of Stainfield, is instituted vicar of Waddingworth. The vicarage is described.*]

[VICARIA] DE WADINGWORD'.—Henricus de Bischothorp', cappellanus, presentatus per Priorissam et moniales de Steinfeld' ad perpetuam vicariam ecclesie de Wadingworth', ordinatam auctoritate Concilii per Dominum Episcopum, facta prius inquisitione per R., Archidiaconum Lincolnie, per quam, etc., ad eandem admissus est, et in ea, cum onere et pena vicariorum, vicarius perpetuus institutus. Consistit autem eadem vicaria in toto alteragio cum terra et domibus ad eandem ecclesiam pertinentibus, et ipse moniales procurabunt hospitium Archidiacono et cetera onera tam ordinaria quam extraordinaria sustinebunt. Et mandatum est dicto Archidiacono ut, etc.

[*William de London', deacon, presented by the Master of the Order of Sempringham and the Prior and Convent of Ormsby, is instituted to the church of Ludborough.*]

LUDBURG'.—Willelmus de London', diaconus, presentatus per Magistrum Ordinis de Sempingham' et Priorem et conventum de Ormesby ad ecclesiam de Ludburg', cum omnia essent in expedito, ad eandem admissus est, et in ea canonice persona institutus. Et mandatum est Archidiacono Lincolnie, etc.

[*William de Tylebroc, chaplain, presented by the Prior and Convent of Castleacre, is instituted to the church of Fleet. A portion is reserved to the Convent.*]

FLETA.—Willelmus de Tylebroc, cappellanus, presentatus per Priorem et conventum de Castell' Acre ad ecclesiam de Flete, salva eis portione quam de concessione et confirmatione Domini Episcopi et Capituli Lincolnie optinent in eadem parrochia, facta prius inquisitione per R., Archidiaconum Lincolnie, per quam, etc., ad eandem admissus est, et in ea cum onere et pena vicariorum persona canonice institutus. Injunctum est eidem, sub debito juramenti prestiti, ut quantum in eo est revocet que de ecclesia male sunt alienata. Et mandatum est dicto Archidiacono, etc.

[*Robert, sub-deacon, presented by the Abbot and Convent of Beauport, is instituted to the church of Brigsley.*]

BRIGELAYA.—Robertus de [*blank*], subdiaconus, presentatus per Abbatem et conventum de Bello Portu ad ecclesiam de Brigeleya, facta prius inquisitione per R., Archidiaconum Lincolnie, per quam, etc., ad eundem admissus est, etc. Et injunctum est predicto Archidiacono ut, etc.

[*Robert Pek, sub-deacon, presented by the Prior of Sherburn, Proctor for the Abbot and Convent of St. Fromund, is instituted to the church of St. George, Stamford.*]

SANCTI GEORGII STANFORD'.—Robertus Pek, subdiaconus, presentatus per Priorem de Sireburn', procuratorem Prioris et conventus de Sancto Fromundo ad presentandum litteratorie constitutum, ad ecclesiam Sancti Georgii Stanford', facta prius inquisitione per R., Archidiaconum Lincolnie, per quam, etc., ad eandem admissus est, etc. Et injunctum est dicto Archidiacono ut, etc. [*In the margin :*—] Non habemus literas presentationis.

[*Peter de Welles, sub-deacon, presented by H. de Welles, Archdeacon of Bath, canon of the prebend of Binbrooke, is instituted to the church of St. Gabriel, Binbrook. The vicarage is reserved to J. the chaplain.*]

SANCTI GABRIELIS BINEBROC.—Petrus de Welles, subdiaconus, presentatus per H. de Welles, Archidiaconum Bathonie, canonicum prebende de Binebroc, ad ecclesiam Sancti Gabrielis de Binebroc', cum de vacatione constaret, ad eandem admissus est, etc., salva J., cappellano, vicaria sua quam habet in eadem ; qui quidem totam ipsam ecclesiam tenebit quoadvixerit, reddendo dicto Petro de Welles et successoribus suis xl solidos annuos nomine pensionis.

[*Hugh de Ruhale, presented by Adam de Novo Mercato, is instituted to the church of Carlton Scroop.*]

KARLETON'.—Hugo de Ruhale, presentatus per Adam de Novo Mercato ad ecclesiam de Karleton', facta prius inquisitione per R., Archidiaconum Lincolnie, per quam, etc., ad eandem admissus est, etc. Et injunctum est predicto Archidiacono ut, etc. [*In the margin :*—] Non habemus literas presentationis.

[Mem. 7.]

[*Robert Harald, sub-deacon, presented by Thomas, son of Gilbert de Cunningesolm', is instituted to a mediety of the church of Theddlethorpe St. Helen.*]

TETLESTORP'.—Robertus Harald', subdiaconus, presentatus per Thomam, filium Gilberti de Cunningesolm', ad medietatem ecclesie de Tetlesthorp', facta prius inquisitione per R., Archidia-

conum Lincolnie, per quam, etc., ad eandem medietatem admissus
est, etc.   Et injunctum est predicto Archidiacono ut, etc.

*[Richard de Apeltre, sub-deacon, after a dispute about the patronage, is collated to
the church of Scot Willoughby.]*

WYLEBY.—Ricardus de Apeltre, subdiaconus, cui Dominus
Episcopus ecclesiam de Wileby auctoritate contulit Concilii, in
eadem canonice persona est institutus ; salvo Magistro Michaeli
Belet jure presentandi ad eandem cum ipsam alias vacare contigerit, cum in litteris Domini Regis pro eodem Magistro, post hanc
collationem receptis, contineatur quod cum assisa ultime presentationis summonita esset coram justiciariis nostris itinerantibus apud
Lincolniam, inter Magistrum Michaelem Belet, petentem, et
Fratrem Galfridum, Magistrum domus de Stikewald, et Simonem
de Nevill', deforciantes, de advocatione ecclesie de Wileby, ipsi
Frater G. et S. venerunt in eadem curia, recognoverunt et concesserunt eidem Magistro M. presentationem suam ad eandem
ecclesiam.   Et injunctum est Archidiacono Lincolnie ut, etc.

*[William de Insula, deacon, presented by Lambert de Busseto, is instituted to the
church of Hougham.]*

HACHAM'.—Magister Willelmus de Insula, diaconus, presentatus per Lambertum de Busseto, militem, ad ecclesiam de Hacham
cum pertinentiis, facta prius inquisitione per R., Archidiaconum
Lincolnie, per quam, etc., ad eandem sub pena Concilii admissus
est, etc.   Et mandatum est dicto Archidiacono ut, etc.

*[Ralph de Beningworth, sub-deacon, after a dispute about the patronage, is collated
to the church of Evedon.]*

EVEDUNA.—Vacante ecclesia de Evedona, et Gerardo de
Huwell', ratione dotis uxoris sue, presentante ad eandem, negotium
presentati per contradictionem canonicorum de Kyma, instrumenta
quedam antecessorum H. de Sancto Vedasto, junioris, in custodia
Domini Episcopi tunc existentis, super ipsius ecclesie advocatione
proponentium, in tantum dilatum est quod ipsius collatio ad
Dominum Episcopum autoritate Concilii fuerit devoluta, quam
Magistro Radulfo de Beningworth', subdiacono, eadem contulit
autoritate, salvo jure illius qui jus patronatus, etc.   Canonici autem
predicti predicta instrumenta sua in manus Domini Episcopi sponte
resignaverunt, ipsius ordinationi se super jure suo simpliciter
subicientes et absolute ; qui de assensu predictorum in hunc modum
ordinavit, videlicet, quod prefati canonici de Kyma annuos xx
solidos de predicta ecclesia de Evedona, nomine beneficii, per manus

dicti Magistri R. et successorum suorum, rectorum ejusdem, percipiant, jure patronatus ipsius dicto G. quamdiu uxor sua vixerit, et demum ipsi H., juniori, et heredibus suis remanente, si idem H., cum ad etatem pervenerit, ordinationi predicte consensum suum duxerit adhibendum, alioquin instrumenta prefata interim in secretario Lincolnie per Dominum Episcopum reposita sepedictis canonicis cum integritate restituantur, et extunc sepedictus R., et successores sui, dicte ecclesie persone, a dictorum xx solidorum prestatione cessabunt. Et injunctum est Archidiacono Lincolnie, presenti, ut secundum formam premissam, etc.

[*William de Merston, chaplain, presented by the Abbot and Convent of Grimsby, is instituted vicar of St. James, Great Grimsby.*]

VICARIA SANCTI JACOBI DE GRIMESBY.—Willelmus de Merston', capellanus, presentatus per Abbatem et conventum de Grimmesby ad perpetuam vicariam ecclesie Sancti Jacobi in Grimmesby, auctoritate Concilii per Dominum Episcopum ordinatam, facta prius inquisitione per R., Archidiaconum Lincolnie, per quam, etc., ad eandem admissus est, et in ea, cum onere et pena vicariorum, vicarius perpetuus est institutus. Et mandatum est dicto Archidiacono ut dictum W. in corporalem possessionem omnium portionum in rotulo de vicariis contentarum inducat, quia ibidem continetur quod tam decima agnorum quam dimidia marca de ciragio, pro quibus Abbas murmuravit cum inde fieret inquisitio, in vicarii cedere debet portionem. [*In the margin :—*] Non habemus literas presentationis.

[*Bartholomew de Kames, clerk, presented by R., Bishop of Salisbury, is instituted to the portion of the church of Grantham, formerly held by G. de Boclande. The vicarage is reserved to Richard de Newerc'.*]

PREBENDA GRAHAM'.—Bartholomew de Kames', clericus, presentatus per dominum R. Sarresberiensem Episcopum ad illam portionem ecclesie de Graham' que fuit bone memorie G. de Boclande, vacantem, per Dominum J. Bathoniensem auctoritate Domini Episcopi Lincolniensis admissus est, et in ea canonice persona institutus ; salva Ricardo de Newerc', cappellano, vicaria sua quam habet in eadem. Et mandatum est R., Archidiacono Lincolnie, ut, etc.

[*Theddlethorpe. Robert de Conigesholm is presented.*]

TETLESTORP'.—Robertus de Conigesholm, subdiaconus, presentatus [*the entry ends here*].

[*On the dorse :—*]

[*Adam de Herefeld', canon of Missenden, presented by William de Albiniaco, is instituted to the Hospital of Uffington.*]

[HOSPITALE DE OFFINGTON'.—Frater Adam de Herefeld', canonicus de Messenden', presentatus per Willelmum de Albinaco ad hospitale de Offington', facta prius inquisitione per R., Archidiaconum Lincolnie, et susceptis litteris Abbatis et conventus de Messenden' dimissoriis, per que, etc., admissus est, et in eo per librum ut moris est institutus. Et injunctum est Archidiacono, presenti, ut, etc.

[*Martin, monk, brother of Winemerus formerly Archdeacon of Northampton, presented by the Abbot and Convent of St. Alban's, is instituted Prior of Belvoir.*]

[PRIORATUS DE BELVERO.]—Martinus, frater Winemeri quondam Archidiaconi Norhamptonie, monachus, presentatus per Abbatem et conventum Sancti Albani ad prioratum de Belvero per literas conceptas in hac forma : "Domino et patri venerando H., Dei gratia venerabili Episcopo Lincolnie, W., eadem gratia Abbas, et conventus Sancti Albani, cum veneratione et reverentia, salutem in Christo : Dilecto fratre nostro Rogero, quondam Priore de Belvero, propter ipsius debilitatem ad quietem et pacem claustri revocato, dilectum fratrem nostrum Martinum, presentium latorem, providimus in Priorem ejusdem domus eidem R. substituendum, ipsumque sanctitati vestre presentamus, humiliter et devote supplicantes quatinus sine mora, dispendio et difficultate, secundum formam compositionis inter ecclesiam vestram et nostram facte, ipsum admittatis",—admissus est et, ut moris est, per librum Prior institutus, juramento super obedientia sollempniter subsecuto. Actum apud Tinghurst' in aula, vigilia Ascensionis Domini, videlicet, vj^{to} kalendas Junii, presentibus Johanne, Precentore Lincoln', Willelmo, Archidiacono Wellensi, Magistro Rogero de Laccok', Radulfo de Warevill' et Willelmo de Winchcumb', canonicis Lincolnie, Magistris Willelmo de Benigworth' et Ricardo de Cantia, cappellanis, et Magistro Ricardo de Waddon', clerico, Abbatis Sancti Albani et Procuratore Abbatis de Lungevill', Magistro Waltero de Crumbe, Galfrido de Moris, Ricardo de Oxonia, Philippo de Langeport', Roberto de Aketon' et Johanne de Bannebiria, clericis. Et mandatum est Archidiacono Lincolnie ut quod suum est ulterius exequatur.

[*Adam de Subiria, monk, is instituted Prior of Wilsford.*]

[PRIORATUS DE WILLEFORTH'.]—Adam de Subiria, monachus, presentatus per Priorem et conventum de Everinodio ad prioratum de Willeforth' in forma debita, assensu Abbatis de Becco literatorie interveniente, ad eundem prioratum admissus est, et, ut moris est, Prior in eo per librum est institutus, juramento, etc. Et mandatum est Archidiacono Lincolnie ut in hac parte quod suum est ulterius exequatur.

[*William de Kukewald, Prior of Humberstone, is confirmed and consecrated Abbot of the same.*]

[ABBATIA DE HUMBERSTAIN.]—Frater Willelmus de Kuke-wald, tunc Prior de Humberstain, unanimi assensu conventus ibidem electus in Abbatem ejusdem domus, licencia et assensu nobilis viri domini Comitis Cestrie et Lincolnie, patroni, ad id inter-venientibus; et facta demum inquisitione et examinatione super electione predicta secundum articulos consuetos per R., Archidia-conum Lincolnie, tunc Officialem Domini Episcopi Lincolniensis, per que, etc., confirmatus est, et per Dominum Episcopum Abbas consecratus. Et mandatum est Archidiacono ut circa installationem suam et alia quod suum fuerit ulterius exequatur.

[*On the face :—*]

LINCOLN'.—ANNUS XVIII[us.]

[*Henry de Vaym, presented by Gilbert de Gant, guardian of the heir of William de Scremby, after a dispute about the patronage, is instituted to the church of Scremby.*]

SCREMBY.—Henricus de Vaym, subdiaconus, presentatus per Gilbertum de Gant, ratione custodie terre et W., heredis Willelmi de Scremby, ad ecclesiam de Scremby, facta prius inquisitione per R., Archidiaconum Lincolnie, et receptis litteris domini Regis continentibus quod dictus G., coram justiciariis itinerantibus Lincolnie, recessit quietus versus Willelmum de Scremby de assisa ultime presentationis, quam idem W. arraniavit versus eundem G. super ecclesia de Scremby, eo quod idem G., tempore quo habuit custodiam ipsius Willelmi, clericum suum ratione custodie ad eandem ecclesiam presentavit, per que negotium fuit in expedito, ad eandem ecclesiam admissus est, et in ea canonice persona insti-tutus. Et injunctum est dicto Archidiacono ut, etc. ; salvo jure dicti W. cum ecclesiam ipsam alias vacare contigerit. [*In the margin :—*] Desunt litere presentationis.

[*Geoffrey de Westmels, sub-deacon, presented by Jollanus de Neowill, is instituted to the church of Walesby.*]

WALESBY.—Galfridus de Westmels', subdiaconus, presentatus per Jollanum de Neowill' ad ecclesiam de Walesby, facta prius inquisitione per R., Archidiaconum Lincolnie, per quam, etc., ad eandem ecclesiam admissus est, etc.   Et injunctum est dicto Archidiacono ut, etc.

[*Walter Crispin is collated to a pension of three marks in a mediety of the church of Keelby, of which he is patron and vicar.*]

KELEBY.—Dominus Episcopus auctoritate sua contulit pensionem trium marcarum vacantem in medietate ecclesie de Keleby Magistro Waltero Crispino, patrono et vicario ejusdem medietatis Et mandatum est Archidiacono Lincolnie ut, etc.

[*Thomas de Ebbelburn, chaplain, presented by the Bishop of Salisbury, is instituted to the portion of the church of Grantham which Bartholomew de Kemes' had held.   The vicarage is reserved to Richard de Neuwerc.*]

PREBENDA DE GRAHAM AUSTRAL'.—Magister Thomas de Ebbelburn', cappellanus, presentatus per dominum R., Sarresberiensem Episcopum, ad illam portionem que fuit Bartholomei de Kemes' in ecclesia de Graham', facta prius inquisitione per R., Archidiaconum Lincolnie, per quam, etc., ad eandem admissus est, etc.; salva Ricardo de Neuwerc', cappellano, vicaria sua quam habet in eadem portione.   Et mandatum est B., Decano loci, quod dictum Magistrum T. in corporalem dicte portionis possessionem, vice Archidiaconi Lincolnie, inducat.   Hoc autem factum est de gratia, ut dicti Magistri parceretur laboribus et expensis.

[*Richard Mauclerc, clerk, presented by the Abbot and Convent of Thornton, is instituted to the portion of the church of Bytham, which William, son of Geoffrey, had held.*]

PREBENDA DE BYHAM.—Ricardus Mauclerc, clericus, presentatus per Abbatem et conventum de Torenton' ad illam portionem que fuit Willelmi filii Galfridi in ecclesia de Biham, facta prius inquisitione per R., Archidiaconum Lincolnie, per quam, etc., ad eandem admissus est, etc.   Et mandatum est Magistro W. de Walepole, Officiali dicti Archidiaconi, ut, etc.

[*Roger de Kadomo, chaplain, presented by Hugh de Wiketoft, is instituted to the church of Wigtoft.*]

WYKETOFT.—Rogerus de Kadomo, cappellanus, presentatus per Hugonem de Wiketoft ad ecclesiam de Wiketoft, facta prius inquisitione per R., Archidiaconum Lincolnie, per quam, etc., ad eandem admissus est, etc. Et injunctum est dicto Archidiacono ut, etc.

[*Hugh, chaplain, presented by the Abbot and Convent of Thornton, is instituted vicar of Grasby. The vicarage is described.*]

VICARIA DE GRESSEBY.—Hugo de [*blank*], cappellanus, presentatus per Abbatem et conventum de Thorenton' ad vicariam de Gresseby, facta prius inquisitione per R., Archidiaconum Lincolnie, per quam, etc., ad eandem admissus est, et in ea cum onere et pena vicariorum, etc. Consistit autem ipsa vicaria in toto alteragio preter decimas agnorum, cum manso competente ad eandem vicariam assignato, et valet v marcas. Et injunctum est dicto Archidiacono, etc.

[*Roger de Pikewrd, chaplain, presented by William de Newetun, guardian of the heir of Robert de Pikewrd, is instituted to the church of Pickworth.*]

PYKEWRD'.—Rogerus de Pikewrd, capellanus, presentatus per Willelmum de Newetun', ratione custodie terre et heredis Roberti de Pikewrd, ad ecclesiam de Pikewrd, facta prius inquisitione per R., Archidiaconum Lincolnie, per quam, etc., ad eandem admissus est, etc., et in ea cum onere et pena vicariorum, etc. Et mandatum est eidem Archidiacono ut, etc.

[*John de Claxeby Pluc Acre, sub-deacon, presented by Henry, son of William de Claxeby, is instituted to the church of Claxby Pluckacre.*]

CLAXBY PLUK ACRE.—Johannes de Claxeby Pluc Acre, subdiaconus, presentatus per Henricum, filium Willelmi de Claxeby, ad ecclesiam ejusdem ville, facta prius inquisitione per R., Archidiaconum Lincolnie, per quam, etc., ad eandem admissus est, etc. Et mandatum est dicto Archidiacono ut, etc.

[*John de Frothingham, sub-deacon, is collated and afterwards presented by Hugh de Neovill, to the church of Gayton.*]

GAYTONA.—Johannes de Frothingham', subdiaconus, cui dominus Episcopus ecclesiam de Gaitona auctoritate Concilii contulerat, presentatus postea per Hugonem de Neovill', receptis litteris domini Regis per quas constabat ipsum jus patronatus ejusdem ecclesie in curia domini Regis evicisse, in eadem persona de novo est institutus, et fecit dominus Episcopus super hoc litteras suas patentes dicto Hugoni, ut in rotulo cartarum a tergo ejusdem Archidiaconatus.

[*Ranulph de Ferrariis, clerk, presented by the Countess of Chester, is instituted to the church of Waddington.*]

WADINTON'.—Ranulfus de Ferrariis, clericus, presentatus per nobilem mulierem B., Comitissam Cestrie, ad ecclesiam de Wadington, facta prius inquisitione per R., Archidiaconum Lincolnie, per quam, etc., ad eandem sub pena Concilii admissus est, etc. Et mandatum est dicto Archidiacono ut, etc. Actum apud Tinghurst, viiij idus Maii. [*In the margin :*—] Desunt litere presentationis.

[*John de Leonibus, presented by the Abbot and Convent of L'Essay, Robert Lupus having renounced his claim to the patronage, and Herbert de Monte Sorel his presentation, is instituted to the church of Castle Carlton.*]

KARLETON'.—Magister Johannes de Leonibus, presentatus per Abbatem et conventum de Exsaquio ad ecclesiam de Karleton', facta prius inquisitione per R., Archidiaconum Lincolnie, et tam Roberto Lupo quam Herberto de Monte Sorel, clerico, juri suo quod se in eadem ecclesia, unus in advocatione, alius ratione presentationis de eo facte, habere asserebant, litteratorie renunciantibus per que, etc., ad eandem admissus est et in ea canonice persona institutus. Subdiaconus est. Et injunctum est dicto Archidiacono, presenti, ut, etc.

[*Hugh de Paxton, sub-deacon, presented by Hugh de Harington, is instituted to the church of Aswardby.*]

ASWARDEBY.—Hugo de Paxton', subdiaconus, presentatus per Hugonem de Harington', militem, ad ecclesiam de Aswardeby, facta prius inquisitione per R., Archidiaconum Lincolnie, per quam, etc., ad eandem admissus est, etc. Et injunctum est dicto Archidiacono ut, etc.

[*Hugh de Chaucumbe, sub-deacon, presented by Henry Folioth, is instituted to a pension of four marks from a mediety of the church of Leasingham.*]

LEVESINGHAM' SUPER MEDIETATE.—Hugo de Chaucumbe, subdiaconus, presentatus per Henricum Folioth, ratione dotis uxoris sue, ad pensionem iiij^{or} marcarum de medietate ecclesie de Levesingeham', vacantem eo quod J. de Mundevill', ultimus rector ejusdem, aliud in diocesi Coventrensi recepit beneficium, cui cura, etc., facta prius inquisitione per R., Archidiaconum Lincolnie, et receptis litteris Officialis Coventrensis, per que, etc., admissus est et in eadem medietate persona institutus, salvo [*blank*], ejusdem medietatis vicario jure suo, qui totam illam medietatem tenebit quoadvixerit, reddendo inde dicto H. et successoribus suis, ejusdem medietatis personis, iiij^{or} marcas annuas nomine pensionis. Et injunctum est Archidiacono, presenti, ut, etc.

[Thomas de Willegby, sub-deacon, presented by Robert, son of William de Willegby, after a dispute about the patronage, is instituted to the church of Willoughby.]

WYLEWEBY.—Thomas de Willegby, subdiaconus, tunc persona de Cumberwrth', presentatus per Robertum, filium Willelmi de Willegby, ad ecclesiam de Willegby, facta prius inquisitione per R., Archidiaconum Lincolnie, et receptis litteris domini Regis continentibus quod predictus R., coram justiciariis apud West-monasterium per considerationem ejusdem curie recuperavit presentationem ad predictam ecclesiam versus Willelmum de Scotengni, unde assisa, etc., et unde idem W. ibidem recognovit quod nihil clamaret in ipsa presentatione nisi occasione W. filii Hugonis, primogeniti fratris predicti R., qui nihil habet de here-ditate W., patris ipsius R., per que, etc., ad eandem admissus est, et sub pena Concilii, etc. Et injunctum est Archidiacono, presenti, ut, etc.

[Hugh de Caster, chaplain, presented by the Abbot and Convent of Newhouse, is instituted vicar of Killingholme.]

VICARIA DE KILVINGHOLM'.—Hugo de Caster, cappellanus, presentatus per Abbatem et conventum de Neuhus ad vicariam ecclesie de Kilvingholm' per dominum Episcopum auctoritate Concilii ordinatam, ut in rotulo vicariarum, facta prius inquisitione per R., Archidiaconum Lincolnie, per quam, etc., ad eandem admissus est, etc., cum onere et pena vicariorum, etc. Et injunctum est Archidiacono, presenti, ut, etc.

[Gilbert de Weston, sub-deacon, presented by the Prior and Convent of Trentham, Staffs., is instituted to the mediety of the church of Belchford, which Robert de Wadington had held.]

BELTEFORD' MEDIETAS.—Magister Gilbertus de Weston', subdiaconus, presentatus per Priorem et conventum de Trentham' ad illam medietatem ecclesie de Beltesford quam Robertus de Wadington' ultimo tenuerat, facta prius inquisitione per R., Archi-diaconum Lincolnie, per quam, etc., ad eandem admissus est, etc. Et injunctum est eidem G., sub debito juramenti prestiti, ne dictis Priori et canonicis de pensione petita responderet, donec coram domino Episcopo docuerint eam debitam esse et antiquam. Et injunctum est dicto Archidiacono, presenti, ut, etc.

[William, chaplain, presented by the Abbot and Convent of Croyland, is instituted to the church of Ingoldsby.]

INGOLDEBY.—Willelmus, capellanus vicarie de Engoldeby, presentatus per Abbatem et conventum de Croiland ad ipsius ecclesie personatum, facta prius inquisitione per R., Archidiaconum Lincolnie, per quam, etc., admissus est, etc. Et injunctum est Archidiacono, presenti, ut, etc.

[*Thomas de Hiletoft, sub-deacon, presented by Robert de Hiletoft, is instituted to the church of Ingoldmells.*]

INGOLDEMELES.—Thomas de Hiletoft, subdiaconus, presentatus per Robertum de Hiletoft ad ecclesiam de Ingoldemeles, facta prius inquisitione per R., Archidiaconum Lincolnie, et tam M. de Lascy, muliere, quam Petro de Rosington', clerico, presentato per eandem, juri quod in dicta ecclesia se habere asserebant, renunciantibus, per que, etc., ad eandem admissus est, etc. Et injunctum est dicto Archidiacono, presenti, ut, etc.

[*Eusebius, deacon, presented by the Master, Prioress, and Convent of Stixwould, is instituted to the church of Bucknall.*]

BUKENHAL'.—Eusebius, diaconus, presentatus per Magistrum, Priorissam, et conventum de Stikeswould' ad ecclesiam de Bukenhal', facta prius inquisitione per R., Archidiaconum Lincolnie, per quam, etc., admissus est et sub pena Concilii, etc. Et injunctum est dicto Archidiacono, presenti, ut, etc.

[*John de Burgo, sub-deacon, presented by Harold de Saltfletheby, is instituted to the mediety of the church of St. Peter, Saltfleetby, which William de Londoniis had held.*]

MEDIETAS ECCLESIE BEATI PETRI DE SALTFLETEBY.—Johannes de Burgo, subdiaconus, presentatus per Haraldum de Saltfletheby ad illam medietatem ecclesie Beati Petri in Saltfletheby quam Willelmus de Londoniis ultimo tenuit, facta prius inquisitione per R., Archidiaconum Lincolnie, per quam, etc., ad eandem admissus est, etc. Et injunctum est dicto Archidiacono, presenti, ut, etc.

[*Hamo, chaplain, presented by the Prior and Convent of Sixhills, is instituted vicar of Ludford Magna. The vicarage is described.*]

VICARIA DE LUFFORD'.—Hamo, capellanus, presentatus per Priorem et conventum de Sixel' ad vicariam de Lufford, facta prius inquisitione per R., Archidiaconum Lincolnie, per quam, etc., ad eandem admissus est, etc., et cum onere vicariorum, etc. Consistit, autem, ipsa vicaria in toto alteragio preter linum, et solvit vicarius vj marcas, et valet vj marcas ; dicti vero Prior et conventus omnia onera ejusdem ecclesie tam ordinaria quam extraordinaria sustinebunt. Et injunctum est dicto Archidiacono, presenti, ut, etc.

[*Henry de Saundwich, sub-deacon, presented by the Abbot and Convent of Bourne, is instituted to the church of Helpringham.*]

HELPRINGEHAM'.—Henricus de Saundwich, subdiaconus, presentatus per Abbatem et conventum de Brunna ad ecclesiam de Helpringham', facta prius inquisitione per R., Archidiaconum Lincolnie, per quam, etc., ad eandem admissus est, etc. Et injunctum est dicto Archidiacono, presenti, ut, etc. Littere presentationis sunt in scriniis Domini Episcopi.

[*Thomas de Gerund, deacon, presented by the Prior and Convent of St. Fromund, is instituted to the church of St. George, Stamford.*]

[SANCTI] GEORGII STANFORD'.—Thomas de Gerund, diaconus, presentatus per Priorem et conventum de Sancto Fromundo ad ecclesiam Sancti Georgii Stanford', facta prius inquisitione per R., Archidiaconum Lincolnie, per quam, etc., ad eandem admissus est, etc.; salva R. de Stok', capellano, per dictum T., de consensu patronorum presentato, vicaria sua per Dominum Episcopum ordinanda in eadem. Et mandatum est dicto Archidiacono ut, etc., secundum formam prenotatam.

[*Ralph de Stoke, chaplain, presented by Thomas de Geron, the rector, is instituted to the vicarage of St. George, Stamford.*]

VICARIA IBIDEM.—Radulfus de Stok', capellanus, presentatus per Thomam de Geron, rectorem ecclesie Sancti Georgii Stanford', interveniente Prioris et conventus de Sancto Fromundo assensu, ad ipsius ecclesie vicariam, facta prius inquisitione per R., Archidiaconum Lincolnie, per quam, etc., ad eandem admissus est cum onere et pena vicariorum, etc. Qui quidem totam illam ecclesiam tenebit quoadvixerit, reddendo inde xl solidos annuos dicto Thome et successoribus suis, ejusdem ecclesie personis, ad duos terminos, videlicet, ad Pasca xx solidos et ad festum Sancti Michaelis xx solidos, nomine pensionis; omnia etiam onera dictam ecclesiam contingentia sustinebit. Et mandatum est dicto Archidiacono, ut, etc.

[*Gilbert de Belteford, chaplain, presented by the Prior and Convent of Spalding, is instituted to the mediety of the church of East Keal, which Ranulf de Ferrariis had held.*]

[ESTRE]KELE MEDIETAS.—Gilbertus de Belteford', capellanus, presentatus per Priorem et conventum de Spalding', ad illam medietatem ecclesie de Estrekele quam Ranulfus de Ferrariis ultimo tenuit, vacantem eo quod idem R., alias de novo beneficiatus, medietatem illam resignavit, facta prius inquisitione per

R., Archidiaconum Lincolnie, per quam, etc., ad eandem admissus est, et in ea sub pena vicariorum, etc. Et mandatum est dicto Archidiacono ut, etc.

[*On the dorse :—*]

[*J., presented by the Abbot and Convent of St. Sever, Coutances, is admitted Prior of Haugham.*]

HACHAM'.—Frater J., monachus, presentatus per Abbatem et conventum Sancti Severi ad prioratum de Hacham', receptis litteris domini H., Constantiensis Episcopi, continentibus Nicholaum, monachum Sancti Severi, qui apud Hacham' prioratum abbatie Sancti Severi tenuerat, coram eo in manu Abbatis sui resignasse prioratum memoratum, et in dicta Abbatia Priorem Ordinis unanimiter constitutum, per que negotium ipsum fuit in expedito, ad eundem prioratum admissus est, et in eo canonice Prior institutus, juramento fidelitatis et obedientie subsecuto sicuti moris est. Et injunctum est Archidiacono, presenti, ut, etc.

[*On the face :—*]

LINCOLN'.—ANNUS XIX^{US}.

[*William de Sempingham, chaplain, presented by the Master of the Order of Sempringham and Convent of Bullington, is instituted to the church of South Reston.*]

RISTON'.—Magister Willelmus de Sempingham, capellanus, presentatus per Magistrum Ordinis de Sempingham et conventum de Bultington' ad ecclesiam de Riston', facta prius inquisitione per R., Archidiaconum Lincolnie, per quam negotium fuit in expedito, ad eandem ecclesiam admissus est, et in ea canonice persona institutus. Et mandatum est dicto Archidiacono ut ipsum Magistrum W., inducat in corporalem dicte ecclesie possessionem.

[*Richard de Fultorp, chaplain, presented by the Rector and Convent of Hagnaby, is instituted to the church of Hannah.*]

[1]HANEYA.—Ricardus de Fultorp', capellanus, presentatus per W., rectorem domus de Hagneby, et ejusdem loci conventus ad ecclesiam de Haneye, facta prius inquisitione per R., Archidiaconum Lincolnie, per quam, etc., ad eandem admissus est, etc. ; salva domino Episcopo potestate de eadem ordinandi vicaria, si gratiam in ea memoratis patronis, cum consensu Capituli sui Lincolnie, providerit faciendam. Et mandatum est dicto Archidiacono ut, etc.

---

[1] Some word or words torn off the margin, after which these letters follow, "c. f."

[*A mediety of the church of Branston becoming vacant, it is consolidated with another mediety of the same church.*]

[BRANCE]TON'.—Vacante medietate ecclesie de Branceton' quam A. filius Reginaldi ultimo tenuit, facta prius inquisitione per R., Archidiaconum Lincolnie, Priore et conventu de Thorgerton', totius ecclesie patronis, consentientibus, per que, etc., eadem medietas medietati quam Magister Hugo de Mares' tenet auctoritate Concilii Oxonie celebrati est consolidata. Et mandatum est dicto Archidiacono, ut, etc.

[*Robert,* nepos subdiaconi, *presented by the Abbot and Convent of Croyland, is instituted to the church of Ingoldsby.*]

INGOLDEBY.—Magister Robertus, nepos subdiaconi, presentatus per Abbatem et conventum de Croyland' ad ecclesiam de Ingoldeby, facta prius inquisitione per R., Archidiaconum Lincolnie, per quam, etc., ad eandem admissus est, etc. Et injunctum est dicto Archidiacono, presenti, ut, etc.

[*John de Brigeford, chaplain, presented by the Prior and Convent of Shelford, is instituted to the vicarage of a mediety of the church of Leasingham. The vicarage is described.*]

LEVESINGHAM' VICARIA.—Johannes de Brigeford', capellanus, presentatus per Priorem et conventum de Seldford' ad vicariam medietatis ecclesie de Levesingham', vacantem per resignationem Magistri Willelmi de Bramcewell' qui eam ultimo tenuit, facta prius inquisitione per R., Archidiaconum Lincolnie, per que, etc., ad eandem admissus est, cum onere et pena vicariorum, etc. Consistit autem ipsa vicaria in omnibus minutis decimis et obventionibus altaris et decimis feni dicte medietatis, et in duabus bovatis terre sine manso; et solvet vicarius sinodalia tantum. Dicti vero Prior et conventus hospitium Archidiacono procurabunt, et prospicere debet quod cancellus pro medietate dicte ecclesie sartatecta habeat et ornamenta sufficientia et libros competentes; et valet dicta vicaria quinque marcas per annum, et pars Prioris et conventus septem. Et injunctum est dicto Archidiacono, presenti, ut, etc.

[Mem. 8.]

[*Richard Parage, sub-deacon, presented by the three respective patrons, is instituted to three parts of the church of Cumberworth.*]

CUMBERWORD'.—Ricardus Parage, subdiaconus, presentatus per Robertum de Tours, militem, ratione uxoris sue, ad tertiam partem ecclesie de Cumberword', et per Aliciam, filiam Radulfi de

Mumby, ratione hereditatis sue, ad tertiam, item per Rogerum de Wileby, ratione Marie, uxoris sue, ad tertiam, facta prius inquisitione per R., Archidiaconum Lincolnie, et Radulfo de Well', clerico, ad unam portionem prius presentato, juri suo coram Archidiacono renunciante, per que, etc., ad eandem admissus est, etc. Et injunctum est dicto Archidiacono, presenti, ut, etc.

[Henry le Butillier, sub-deacon, presented by Osbert Arsich, is instituted to the church of Toft.]

TOFT.—Henricus le Butillier, subdiaconus, presentatus per Osbertum Arsich' ad ecclesiam de Toft, facta prius inquisitione per R., Archidiaconum Lincolnie, et Rogero, clerico, prius ad eandem presentato, juri suo renunciante, per que, etc., ad eandem admissus est, etc. Et injunctum est dicto Archidiacono, presenti, ut, etc.

Hugh de Cotes, chaplain, presented by Geoffrey, the rector, is instituted vicar of Stapleford, Leics. The vicarage is described.]

VICARIA DE STAPELFORD'.—Hugo de Cotes, capellanus, presentatus per Galfridum, rectorem ecclesie de Stapelford', interveniente consensu Johannis de Yseni, ejusdem ecclesie patroni, ad vicariam ecclesie de Stapelford', facta prius inquisitione per R., Archidiaconum Lincolnie, per quam, etc., ad eandem admissus est, cum onere et pena, etc. Consistit autem ipsa vicaria in omnibus decimis ipsam ecclesiam contingentibus preter decimas garbarum, et preter redditum x solidorum de tenentibus ecclesie, et valet dicta vicaria sexaginta solidos. Et injunctum est dicto Archidiacono, presenti, ut, etc. Actum apud Lincolniam in Capitulo, iiij^{to} kalendas Aprilis anno xix°.

[Ralph de Paunton, sub-deacon, presented by Baldwin de Paunton, is instituted to the church of Little Ponton.]

[PARVA] PANTON'.—Radulfus de Paunton', subdiaconus, presentatus per Balduinum de Paunton', militem, ad ecclesiam de Parva Paunton', facta prius inquisitione per R., Archidiaconum Lincolnie, per quam, etc., ad eandem admissus est, etc. Et injunctum est dicto Archidiacono, presenti, ut, etc.

[Alexander de Wikeham, chaplain, presented by the Master of Sempringham, and the Prior and Convent of Newstead, is instituted to a mediety of the church of Barnetby-le-Wold.]

MEDIETAS DE BERNETEBY.—Alexander de Wikeham, capellanus, presentatus per Magistrum Ordinis de Sempringham', et A., Priorem, et conventum Novi Loci, ad medietatem ecclesie de

Bernetheby, facta prius inquisitione per R., Archidiaconum
Lincolnie, per quam, etc., ad eandem admissus est cum onere et
pena[1] vicariorum. Et injunctum est dicto Archidiacono, presenti,
ut, etc. De hoc habetur plenius in rotulo cartarum anni decimi.

[*Walter, chaplain, presented by the Abbot and Convent of Tupholme, is instituted
to the vicarage of Market Stainton.*]

VICARIA DE STEINTON'.—Walterus, capellanus, presentatus
per Abbatem et conventum de Tupeholem' ad vicariam ecclesie de
Stainton', facta prius inquisitione per R., Archidiaconum Lincolnie,
qui presens negotium ipsum in expedito esse asseruit, ad eandem
admissus est cum onere et pena vicariorum. Et injunctum est
dicto Archidiacono, presenti, ut, etc.

[*Henry, chaplain, presented by the Prior of Sixhills to one mediety of the church of
West Wickham, and by the Prior and Convent of Markby to the other, is
admitted to both medieties.*]

VICARIA DE WEST WICHAM'.—Henricus, capellanus, presentatus per Priorem de Syxel' ad unam medietatem, et per Priorem
et conventum de Marcham' ad aliam medietatem vicarie ecclesie
de West Wicham', auctoritate Concilii ordinatam, facta prius
inquisitione per R., Archidiaconum Lincolnie, per quam, etc., ad
easdem admissus est cum onere et pena vicariorum. Et injunctum
est dicto Archidiacono, presenti, ut, etc. Non habuimus inquisitionem aliam quam vivam vocem Archidiaconi.

[*John de Trusselrith, sub-deacon, presented by William de Alneto, is instituted to a
third part of the church of Stainton-le-Vale.*]

STEINTON' PARS TERTIA.—Johannes de Trusselrith, subdiaconus, presentatus per Willelmum de Alneto, militem, ad iij^{am}
partem ecclesie de Stainton', facta prius inquisitione per R., Archidiaconum Lincolnie, per quam, etc., ad eandem admissus est, et in
ea canonice persona institutus. Et injunctum est dicto Archidiacono, presenti, ut, etc.

[*Bernard de Grimesby, presented by the Abbot and Convent of Beauport, is
instituted to the church of Hatcliffe. A pension is reserved to the Convent.*]

HADECLIVE.—Bernardus de Grimesby', presentatus per Abbatem et conventum de Bello Portu ad ecclesiam de Hadeclive, facta
prius inquisitione per R., Archidiaconum Lincolnie, per quam, etc.,
ad eandem admissus est, et in ea canonice persona institutus ; salva
dictis Abbati et conventui dimidia marca annua per Dominum H.

---

[1] "Et pena" is struck out and dotted underneath.

secundum et Capitulum ipsis nomine beneficii concessa, ad Pascha, videlicet, et ad festum Sancti Michaelis percipienda.   Et mandatum est dicto Archidiacono ut, etc.

[Roger de Lacok, sub-deacon, is collated to the church of Hale.]

HALE.—Magister Rogerus de Lacok', subdiaconus, cui dominus Episcopus ecclesiam de Hal', auctoritate Concilii contulit, ad eandem admissus est, et in ea canonice per procuratorem institutus; salvo inposterum jure illius qui jus patronatus evicerit in eadem.   Et mandatum est R., Archidiacono Lincolnie, quod predictum Magistrum per procuratorem suum, quem ad hoc destinaverit, in corporalem ipsius ecclesie possessionem inducat.

[Adam de Gathes, sub-deacon, presented by the Abbot and Convent of St. Martin of Séez, is instituted to the church of South Kelsey.]

KELESIE PARVA.—Magister Adam de Gathes, subdiaconus[1], presentatus per Abbatem et conventum Sancti Martini Sagiensis ad ecclesiam Beate Marie de Parva Keleseie, facta prius inquisitione per R., Archidiaconum Lincolnie, per quam, etc., ad eandem de gratia domini Episcopi, cum de speciali mandato domini Pape alii in eadem providisse potuisset, ad eandem admissus est, etc.   Et mandatum est dicto Archidiacono, ut, etc.

[John de Haynton, chaplain, presented by the Prior and Convent of Sixhills, is instituted vicar of East Wickham.]

VICARIA DE ESTWICHAM.—Johannes de Haynton', capellanus, presentatus per Priorem et conventum de Syxell, ad vicariam ecclesie de Estwicham', auctoritate Concilii per nos ordinatam, facta prius inquisitione per R., Archidiaconum Lincolnie, per quam, etc., ad eandem admissus est cum onere et pena, etc.   Et mandatum est Archidiacono ut, etc.

[William de Marcham, chaplain, presented by the Prior and Convent of Thurgarton, is instituted to the church of Branston.]

BRANCESTON'.—Magister Willelmus de Marcham, cappellanus, presentatus per Priorem et conventum de Thurgarton' ad ecclesiam de Branceston', facta prius inquisitione per R., Archidiaconum Lincolnie, per quam, etc., ad eandem admissus est.   Et mandatum est dicto Archidiacono ut, etc.

---

[1] "Subdiaconus" is written here and dotted under for omission.

[*Clement, chaplain, presented by Richard Pek, proctor for the Convent of St. Fromund, is instituted to the church of St. Michael, Stamford.*]

ECCLESIA SANCTI MICHAELIS [IN] CORNESTALL' STANFORD'.
—Clemens, cappellanus, presentatus per Ricardum Pek', procuratorem
Prioris et conventus Sancti Fromundi ad id litteratorie constitutum,
ad ecclesiam Sancti Michaelis in Cornestall' Stanford', facta prius
inquisitione per R., Archidiaconum Lincolnie, per quam, etc., ad
eandem admissus est, et in ea cum onere et pena vicariorum, etc.
Et injunctum est dicto Archidiacono ut, etc.

[*William de Esseb'. presented by the Prior and Convent of Thurgarton, after a dispute about the patronage, is instituted to the church of Swayfield.*]

[S]WAFFELD'.—Willelmus de Esseb', presentatus per Priorem
et conventum de Thurgarton' ad ecclesiam de Swaffeld', facta prius
inquisitione per R., Archidiaconum Lincolnie, et receptis litteris
domini Regis continentibus quod dictus Prior, coram justiciariis
itinerantibus apud Norwicum, recuperavit saisinam suam de dicta
ecclesia versus Hamonem Peche et Normannum de Arcy, custodem
terre et heredis Hervici de Arcy, per assisam ultime presentationis
inde ibi inter eos captam ; Nicholao, etiam, receptore ecclesie de Creton', totum jus quod habuit vel habere videbatur in ecclesia memorata simpliciter et absolute coram capitulo puplice, et postea coram
Archidiacono, refutante, per que, etc., ad eandem admissus est cum
onere residendi in eadem, et canonice persona institutus. Et injunctum est predicto Archidiacono, presenti, ut, etc.

[*Gregory, chaplain, presented by the Prior and Convent of Elsham, is instituted vicar of Elsham.*]

[VICARIA D]E ELLESHAM.—Gregorius, cappellanus, presentatus per Priorem et conventum de Ellesham' ad perpetuam
vicariam parrochialis ecclesie de Ellesham', cum, per R., Archidiaconum Lincolnie, presentem, constaret negotium ipsum esse in
expedito, ad eandem auctoritate Concilii ordinatam admissus est,
et in ea cum onere, etc. Et injunctum est predicto Archidiacono,
presenti, ut, etc.

[*Richard, chaplain, presented by the Abbot and Convent of Newhouse, is instituted vicar of East Halton.*]

VICARIA ECCLESIE BEATI PETRI DE HALTON',—Ricardus,
capellanus, presentatus per Abbatem et conventum de Newhus ad
perpetuam vicariam ecclesie Beati Petri de Halton', auctoritate
Concilii per dominum Episcopum ordinatam, cum per Archidiaconum Lincolnie, presentem, constaret negotium ipsum esse in

expedito, ad eandem admissus est, et in ea cum onere, etc. Et injunctum est dicto Archidiacono, presenti, ut, etc.

[*Robert de Kadenheia, deacon, presented by the Abbot and Convent of Thornton, is instituted to the church of Kelstern.*]

KELESTERN'.—Magister Robertus de Kadenheia, diaconus, presentatus per Abbatem et conventum de Thornton' ad ecclesiam de Kelesterne, vacantem eo quod Henricus de ·Haddon', clericus, qui eam ultimo tenuit, aliud beneficium, cui cura, etc., confessus est in capitulo puplice se nuper in partibus Scottie recepisse, et facta prius inquisitione per R., Archidiaconum Lincolnie, per quam, etc., ad eandem admissus est, et in ea canonice persona institutus. Injunctum est dicto Archidiacono, presenti, ut, etc.

[*John Romanus, sub-dean of York, presented by the Abbot and Convent of St. Mary, York, is instituted to the church of Boston.*]

ECCLESIA SANCTI BOTULFI IN HOYLAND'.—Magister Johannes Romanus, subdecanus Eboraci, presentatus per Abbatem et conventum Sancte Marie Eboraci ad ecclesiam Sancti Botulfi in Hoiland', facta prius inquisitione per R., Archidiaconum Lincolnie, per quam, etc., ad eandem admissus est, et in ea per Ricardum, clericum, procuratorem suum, canonice persona institutus. Et mandatum est dicto Archidiacono ut, et cetera.

[*Richard de Stapelford, sub-deacon, presented by the Knights-Templars, is instituted to the church of Donington.*]

DUNINGTON'.—Magister Ricardus de Stapelford, subdiaconus, presentatus per Magistrum et fratres Militie Templi in Anglia ad ecclesiam de Dunington', facta prius inquisitione per R., Archidiaconum Lincolnie, et receptis litteris domini Regis continentibus quod quia constat ei per inspectionem carte Conani, quondam Comitis Britannie, et per confirmationem J., Regis, quod predicta ecclesia ad donationem predicti Magistri et fratrum Templi dinoscitur pertinere, per que, etc., ad eandem admissus est, etc. Et injunctum est dicto Archidiacono, presenti, ut ipsum in corporalem, etc. ; salvis, etc., ut in carta eorum Anno, xx°.

[*William de Fulebec, sub-deacon, is instituted to the church of Timberland.*]

TIMBERLUND'.—Willelmus de Fulebec, subdiaconus, cui dominus Episcopus ecclesiam de Timberlund', Prioris et conventus de Thurgarton quoad advocationem, auctoritate domini Pape contulit, ad eandem· admissus est, et in ea cum onere ministrandi personaliter in eadem, secundum tenorem in litteris domini Pape contentum, institutus. Et injunctum est Archidiacono Lincolnie, presenti, ut, etc. [*In the margin :*—] Desunt litere inquisitionis.

[*Robert de Frothingham, chaplain, presented by the Abbot and Convent of Thornton, is instituted vicar of Barrow-on-Humber. The vicarage is described.*]

VICARIA DE BAREWE.—Robertus de Frothingham, cappellanus, presentatus per Abbatem et conventum de Thorneton' ad perpetuam vicariam ecclesie de Barewa, facta prius inquisitione per R., Archidiaconum Lincolnie, per quam, etc., ad eandem, per ipsum Archidiaconum ordinatam, admissus est, cum onere et pena vicariorum, etc. Et injunctum est dicto Archidiacono ut, etc. Consistit, autem, ipsa vicaria in omnibus obventionibus altaris, et in omnibus decimis, exceptis decimis garbarum, feni, molendinorum, et decimis lane et agnorum, quas decimas percipiet Abbas et conventus de Thorenton'. Consistit, etiam, in xx solidis solvendis dicto vicario per Abbatem in die Sancti Michaelis. Abbas, etiam, inveniet eidem mansum competentem, et decimam feni eidem habere faciet de tribus croftis ad equum suum. Et injunctum est dicto Archidiacono ut, etc.

[*Adam, sub-deacon, presented by the Prior and Convent of Thurgarton, is instituted to the church of West Allington.*]

ADELINGTON'.—Adam de [*blank*], subdiaconus, presentatus per Priorem et conventum de Thurgarton' ad ecclesiam de Adelington', facta prius inquisitione per R., Archidiaconum Lincolnie, et receptis litteris domini Regis quod idem Prior, in curia coram justiciariis itinerantibus apud Lennam, per considerationem ejusdem curie, recuperavit saisinam suam versus Abbatem de Newboch' de advocatione de Adelington', et quod Warinus de Bassingburn' et Albreda, uxor ejus, qui in eadem curia coram eisdem justiciariis questionem moverant de eadem advocatione versus predictos Abbatem et Priorem, recognoverunt ibidem advocationem ejusdem ecclesie esse jus ipsius Prioris, et illam remiserunt, etc., ipsi Priori et successoribus suis imperpetuum, per que, etc., ad eandem admissus est, etc. Et injunctum est dicto Archidiacono ut, etc.

[*Gilbert de Teford, chaplain, presented by Robert de Teford, is instituted to a mediety of the church of Bag Enderby.*]

[MEDIETAS] ECCLESIE DE [END]ERBY.—Gilbertus de Teford, capellanus, presentatus per Robertum de Teford, militem, ad medietatem ecclesie de Enderby quam [*blank*] ultimo tenuit, facta prius inquisitione per R., Archidiaconum Lincolnie, per quam, etc., et quod ipsius ecclesie sectio memoriam hominum excedit, ad eandem medietatem admissus est, et in ea canonice persona, cum onere ministrandi personaliter in eadem, institutus. Et mandatum est dicto R., Archidiacono, ut, etc.

[*On the dorse :—*]

[*William de Fultorp, canon of Hagnaby, is instituted Warden of the same.*]

[ABBATIA DE HAGNEBY.]—Willelmus de Fultorp', canonicus de Hagneby, presentatus per conventum ejusdem loci in forma subscripta ad regimen dicte domus, admissus est, et in ea provisor et custos canonice institutus. Et mandatum est R., Archidiacono Lincolnie, ut quod suum fuerit ulterius exequatur.

Reverendo domino et patri, H., Dei gratia Lincolniensi Episcopo, devoti sui canonici de Hagneby, Ordinis Premonstratensis, salutem, et, cum omni devotione, debitam in Christo reverentiam. Noverit sanctitas vestra quod presentium latorem, Fratrem Willelmum, concanonicum nostrum, providimus nobis, secundum statuta Ordinis Premonstratensis, provisorem et domui nostre custodem preficiendum, eundemque vobis presentamus, vestre paternitati supplicantes quatinus circa ipsum quod vestrum est ulterius exequamini.

[*Nicholas, canon, presented by the Abbot and Convent of St. Mary de Voto, near Cesarisburg, is admitted Prior of Hough.*]

[PRIORATUS DE HACH'.]—Nicholaus, canonicus, presentatus per Abbatem et conventum Sancte Marie de Voto juxta Cesaris burgum ad prioratum de Hach', vacantem eo quod W., prius Prior ibidem, in abbatem predicti loci Sancte Marie de Voto assumptus est, cum negotium ipsum esset in expedito, admissus est, etc., cum debita solemnitate. Forma presentationis hec est : Reverendo domino, etc., Abbas predicti loci et conventus, salutem. Presentamus vobis dilectum fratrem et canonicum nostrum, Nicholaum, ad prioratum nostrum de Hach', vacantem, supplicantes quatinus circa ipsum quod vestrum est ulterius exequamini. Et mandatum est Archidiacono Lincolnie ut, etc.

[*Geoffrey de Holm', canon of Thornton, is instituted Prior of Markby.*]

[PRIORATUS DE MARCHEBY.]—Frater Galfridus de Holm', canonicus de Thorenton', electus per conventum de Marcheby ad prioratum illum, vacantem per resignationem Eudonis, nuper Prioris ejusdem, facta prius inquisitione per R., Archidiaconum Lincolnie, super electione predicta secundum articulos consuetos, interveniente etiam assensu H., filii Radulfi, ejusdem prioratus patroni, per que, etc., ad dictum prioratum admissus est, et in eo canonice Prior institutus. Et mandatum est dicto Archidiacono ut circa installationem ipsius quod suum est exequatur. Conventui etiam mandatum est quod eidem tanquam Priori suo sint intendentes et obedientes.

[*On the face :—*]

LINCOLN'.—ANNUS XX[US].

[*William de Hautebarg, chaplain, presented by the Prior and Convent of Spalding, is instituted vicar of Spalding.*]

VICARIA DE SPALDING'.—Willelmus de Hautebarg', capellanus, presentatus per Priorem et conventum de Spauding' ad vicariam ecclesie de Spauding', auctoritate Concilii per dominum Episcopum ordinatam, facta prius inquisitione per Robertum, Archidiaconum Lincolnie, per quam negotium fuit in expedito, ad eandem admissus est, et in ea canonice vicarius perpetuus institutus, cum onere ministrandi personaliter in eadem. Et mandatum est dicto Archidiacono ut ipsum W. inducat in corporalem dicte vicarie possessionem. Consistit autem ut in veteri rotulo a tergo.

[*Reginald de Welle, chaplain, presented by the Abbot and Convent of Croyland, is instituted to the church of Fishtoft. A pension is reserved to the monks of Freiston.*]

TOFT'.—Reginaldus de Welle, capellanus, presentatus per Abbatem et conventum de Croiland' ad ecclesiam de Toft, facta prius inquisitione per R., Archidiaconum Lincolnie, per quam, etc., ad eandem admissus est, etc.; salva Priori et monachis de Friston' debita pensione de eadem. Et mandatum est dicto Archidiacono ut, etc.

Gilbert de Radburn, chaplain, presented by the Prior and Convent of Thornholm, is instituted vicar of Cadney. The vicarage is described.]

[VICARIA] DE KADENEYA.—Gilbertus de Radburn', capellanus, presentatus per Priorem et conventum de Tornholm' ad vicariam ecclesie de Kadeneya, facta prius inquisitione per R., Archidiaconum Lincolnie, per quam, etc., ad eandem admissus est cum onere et pena, etc. Consistit autem ipsa vicaria, exdudum ordinata, in toto alteragio et in omnibus minutis decimis, cum manso competente, et valet x marcas, et solvet vicarius tantum synodalia. Et mandatum est dicto Archidiacono ut, etc.

[*Roger de Scaccariis, presented by the Prior and Convent of Thurgarton, is instituted to the church of Blankney.*]

BLANKENEYE.—Magister Rogerus de Scaccar',[1] presentatus
per Priorem et conventum de Thurgarton' ad ecclesiam de Blankeneye, facta prius inquisitione per R., Archidiaconum Lincolnie,
per quam, etc., ad eandem admissus est, et in eadem persona institutus sub pena Concilii. Et injunctum est dicto Archidiacono,
presenti, ut, etc.

[*Hugh de Brunna, chaplain, presented by the Abbot and Convent of Bourne, is
instituted vicar of Bourne,*]

VICARIA DE BRUNNA.—Hugo de Brunna, capellanus, presentatus per Abbatem et conventum de Brunna ad vicariam ecclesie de
Brunna auctoritate Concilii ordinatam, facta prius inquisitione per
R., Archidiaconum Lincolnie, per quam, etc., ad eandem admissus
est cum onere et pena vicariorum, etc. Et injunctum est dicto
Archidiacono, presenti, ut, etc. Consistit etiam ipsa vicaria ut in
rotulo vicariarum.

[*Alexander Pikot, sub-deacon, presented by Hugh Pikot, is instituted to the church
of Doddington-Pigot.*]

DODINGTON'.—Alexander Pikot, subdiaconus, presentatus per
Hugonem Pikot, militem, ad ecclesiam de Dodington', facta prius
inquisitione per R., Archidiaconum Lincolnie, per quam, etc., ad
eandem admissus est, et in ea canonice persona institutus. Et
injunctum est dicto Archidiacono, presenti, ut, etc.

[*R. de Lacterton', chaplain, presented by the Prior and Convent of St. Katherine,
Lincoln, is instituted vicar of Alford. The vicarage is described.*]

VICARIA DE ALFORD'.—R. de Lacterton', capellanus, presentatus per H., Priorem, et conventum canonicorum Sancte Katerine
Lincolnie ad perpetuam vicariam ecclesie de Alford', facta prius
inquisitione per R., Archidiaconum Lincolnie, per quam, etc., ad
eandem admissus est cum onere et pena, etc. Consistit, autem, ipsa
vicaria in terra pertinente ad ecclesiam, et in omnibus obventionibus
ecclesie, et decimis, excepta decima garbarum et feni, et in x solidis
recipiendis a Priore. Habebit etiam socium capellanum, et sustinebit onera parrochialia cum procuratione Archidiaconi. Et valet c
solidos, et est ordinata ab antiquo. Et injunctum est dicto Archidiacono ut, etc. Verius autem habetur de ipsa vicaria in rotulo
cartarum anni ix[ni] a tergo.

---

[1] "Subdiaconus est" is written above.

[*William de Ormesby, chaplain, presented by Thomas de Wudetorp', is instituted to the church of St. Peter, Farforth.*]

FAREFORD'.—Willelmus de Ormesby, capellanus, presentatus per Thomam de Wudetorp', militem, ad ecclesiam Sancti Petri de Fareford', facta prius inquisitione per R., Archidiaconum Lincolnie, per quam, etc., ad eandem admissus est, cum onere, etc. Et injunctum est dicto Archidiacono, presenti, ut, etc.

[*Geoffrey de Wulurikeby, chaplain, presented by the Prior and Convent of Sixhills, is instituted vicar of East Wickham.*]

VICARIA DE ESTWICHAM.—Galfridus de Wulurikeby, capellanus, presentatus per Priorem et conventum de Sixle ad perpetuam vicariam de Estwikham', facta prius inquisitione per R., Archidiaconum Lincolnie, per quam, etc., ad eandem admissus est, cum onere, etc. Et injunctum est dicto Archidiacono, presenti, ut, etc.

[*Richard, chaplain, presented by the Prior and Convent of Markby, is instituted vicar of Bilsby.*]

VICARIA DE BILLESBY.—Ricardus, capellanus, presentatus per Priorem et conventum de Markeby ad perpetuam vicariam de Billesby, facta prius inquisitione per R., Archidiaconum Lincolnie, per quam, etc., ad eandem admissus est cum onere, etc. Consistit autem ipsa vicaria ut in rotulo vicariarum. Et mandatum est dicto Archidiacono ut, etc.

[*Ralph, chaplain, presented by the Abbot and Convent of Waltham, is instituted vicar of Wrangle. The vicarage is described.*]

VICARIA DE WRENGL'.—Radulfus de [*blank*], capellanus, presentatus per Abbatem et conventum de Waltham' ad perpetuam vicariam ecclesie de Wrengl', facta prius inquisitione per R., Archidiaconum Lincolnie, per quam, etc., ad eandem admissus est, cum onere, etc. Consistit autem ipsa vicaria in omnibus obventionibus altaris preter decimas salis et feni, et reddendo de ordinatione domini Episcopi predictis Abbati et conventui per singulos annos c solidos. Et mandatum est dicto Archidiacono ut, etc. Admissus est autem cum hac protestatione, quod per ejus admissionem nichil juris accrescat dictis Abbati et conventui in ecclesia memorata.

[*William de Netelton, after many disputes, is instituted to both portions of the church of West Rasen.*]

WESTRASN'.—Vacante portione quam Willelmus de Fraxinis ultimo tenuit in ecclesia de Westrasen', Willelmus de Netelton', capellanus, per Priorem et conventum Sancte Trinitatis de Eboraco ad eandem presentatus, et Lambertus, rector alterius portionis in eadem asserens dictam portionem portioni sue auctoritate Concilii Oxonie debere accrescere, tandem post multas altercationes ordinationi domini Episcopi sponte, simpliciter et absolute se subjecerunt qui in loco ordinationis, de consensu dicti L. predictum Willelmum, capellanum, vicarium instituit, qui utramque portionem tenebit quoadvixerit, reddendo inde dicto Lamberto et successoribus suis, dictarum portionum personis, x marcas annuas nomine pensionis ad duos terminos anni, scilicet, ad festum Ascensionis v marcas et ad festum Sancti Martini[1] v marcas. Et injunctum est R., Archidiacono Lincolnie, presenti, ut, etc. Et notandum quod dominus Episcopus dudum antea receperat litteras domini Regis continentes quod in curia sua coram justiciariis itinerantibus apud Lincolniam convenit inter Hugonem Painel et Willelmum Priorem, etc., videlicet quod predictus Hugo remisit et quietum clamavit de se et heredibus suis dicto Priori et successoribus suis totum jus et clamium quod habuit in advocatione predicte medietatis in perpetuum.

[*Simon de Koleby, presented by the Prior and Convent of Nocton, is instituted vicar of Nocton. The vicarage is described.*]

NOCTON' VICARIA.[2]—Magister Simon de Koleby [*blank*], presentatus per Priorem et conventum de Nocton' ad vicariam ecclesie de Nocton', facta prius inquisitione per R., Archidiaconum loci, per quam, etc., ad eandem admissus est, cum onere et pena vicariorum, ad mandatum domini Episcopi. Consistit, autem, dicta vicaria, ut in inquisitione predicta continetur, in tertia garba totius decime parochianorum de Noketon', et in iiij[or] bovatis terre arabilis et in iiij[or] bovatis in marisco pertinentibus ad illam ecclesiam, et in omnibus minutis decimis et obventionibus et oblationibus ad eandem ecclesiam provenientibus; et valet vicaria quinque marcas et amplius. Vicarius autem tantum sinodalia solvet. Aliter ordinata est ut in carta W., quondam Lincolniensis Episcopi, quam habent canonici memorati. Et indultum est eidem Magistro S. a domino Episcopo, quamdiu sibi placuerit, ut scolas frequentet et addiscat. Ita tamen quod ecclesia illa interim per idoneum capellanum officietur.

---

[1] Against "Ascensionis" the word "Mich" is written in the margin, and against "et ad festum Sancti Martini" a word ending ". . . care" is written; the first part of the word is torn off.

[2] The later hand has added "vicarie portio".

[Henry Blundus, sub-deacon, presented by Robert Gredl', after a dispute about the patronage, is instituted to the church of Bloxholm.]

BLOKSHAM'.—Magister Henricus Blundus, subdiaconus, presentatus per Robertum Gredl' ad ecclesiam de Bloksham', facta prius inquisitione per R., Archidiaconum Lincolnie, et receptis litteris domini Regis continentibus quod, cum Robertus Gredl' in curia sua apud Lincolniam coram Willelmo de Welle et sociis suis, justiciariis ad hoc constitutis, arainiasset assisam ultime presentationis ecclesie predicte versus Thomam, Priorem de Seldford', idem Prior ibidem dicto R. saisinam suam inde recognovit, receptis etiam litteris domini Regis continentibus quod cum dictus R. coram justiciariis apud Westmonasterium arainiasset, etc., ut supra, versus Priorem de Haverholm', idem Prior ibidem recognovit quod nichil clamat in predicta advocatione, et remisit predicto Roberto predictam advocationem, per que, etc., ad eandem admissus est, et in ea canonice persona institutus. Et mandatum est dicto Archidiacono ut, etc.

[Roger de Lakok, presented by the King, is instituted to the church of Washingborough.]

WHASSINGEBURGE.—Magister Rogerus de Lakok, presentatus ad ecclesiam de Whassingburg', vacantem per resignationem Martini de Pateshill', qui eam ultimo tenuit, per dominum Regem, ratione terrarum Comitis Britannie in manu sua existentium, nonobstante eo quod R., comes Cestrie et Lincolnie, tenet manerium de Whassingburg' de baillio domini Regis quamdiu illa domino Regi placuerit, quia advocationem ecclesie ipsius manerii retinuit in manu sua, secundum quod in litteris suis presentatoriis continetur, cum omnia essent in expedito, ad eandem admissus est, etc. Et injunctum est R., Archidiacono, presenti, ut, etc.

[Adam de Oxonia, sub-deacon, presented by the Prior and Convent of Bridlington, is instituted to a mediety of the church of South Ferriby.]

SUTHFERIBY.—Adam de Oxonia, subdiaconus, presentatus per Priorem et conventum de Bridlinton' ad medietatem ecclesie de Suthfereby, facta prius inquisitione per R., Archidiaconum Lincolnie, per quam, etc., ad eandem admissus est. Et mandatum est dicto Archidiacono, ut, etc.

[Paganus, chaplain, presented by the Prioress and Convent of St. Michael, Stamford, is instituted to the church of St. Clement, Stamford.]

[SANCTI] CLEMENTIS STAN[FORD]. — Paganus, capellanus, presentatus per Priorissam et conventum Sancti Michaelis extra Stanford' ad ecclesiam Sancti Clementis in Scottegate Stanford', facta prius inquisitione per R., Archidiaconum Lincolnie, per quam, etc., ad eandem admissus est.   Et mandatum est dicto Archidiacono ut, etc.

[Mem. 9.]

[*Simon de Banburg, chaplain, presented by the Prior and Convent of Bridlington, after a dispute about the patronage, is instituted to the church of Goxhill.*]

[GOUS]HELL'.—Simon de Banburg', capellanus, presentatus per Priorem et conventum de Bridlington' ad ecclesiam de Gousl', facta prius inquisitione per R., Archidiaconum Lincolnie, receptis etiam litteris domini Regis continentibus quod cum assisa ultime presentationis summonita esset coram Willelmo de Well', Simone de Ropp', Rogero de Sancto Martino, Theodbaldo Haultam', justiciariis ad hoc constitutis, inter Priorem de Bridlington', querentem, et Simonem de Ver, deforciantem, idem S. coram prefatis justiciariis recognovit quod dictus Prior, ultimo, etc., presentavit, et renisit et quietum clamavit de se et heredibus suis ipsi Priori et successoribus suis in perpetuum, totum jus et clamium quod habuit in advocatione dicte ecclesie in perpetuum, per que, etc., ad eandem admissus est, etc.   Et mandatum est dicto Archidiacono ut, etc.

[*Thomas de Askeby, sub-deacon, presented by the Prior and Convent of Kyme, is instituted to the church of All Saints, Wainfleet.*]

[WEYNFLET OMNIUM SANCTORUM.]—Thomas de Askeby, subdiaconus, presentatus per Priorem et conventum de Kyma ad ecclesiam Omnium Sanctorum de Weinflet, facta prius inquisitione per R., Archidiaconum Lincolnie, per quam, etc., ad eandem cum pertinenciis admissus est, etc.   Et mandatum est dicto Archidiacono ut, etc.

[*Richard Devon', presented by Robert de Rye, is instituted to the church of Gosberton.*]

GOSBERDCHIRCH'.— Magister Ricardus Devon', presentatus per Robertum de Rye ad ecclesiam de Gosbertchirche, facta prius inquisitione per R., Archidiaconum Lincolnie, per quam, etc., ad eandem admissus est, etc.; salvis commune Lincolniensis ecclesie quadraginta marcis annuis per manum ipsius Magistri R. ad quatuor terminos anni persolvendis.   Et mandatum est eidem Archidiacono ut, etc.

[*On the dorse :—*]

[*Peter de Kambreis, monk, is admitted Prior of Wilsford.*]

[PRIORATUS DE WITLESFORD'.]—Petrus de Kambreis, monachus, presentatus per Priorem et conventum de Euorum in forma

debita ad prioratum de Witlesford', vacantem eo quod dominus
Episcopus resignationem Ade de Subyr' ipsi super prioratu predicto
priusquam idem A. transfretaret oblatam, ratam habuit et gratam,
certis de causis amotionem ejus sufficienter inducentibus, et
maxime propter ipsius recentem incontinentiam, facta prius per R.,
Archidiaconum loci, inquisitione super hiis diligenti, per que, etc.,
ad eundem prioratum admissus est, et in eo secundum formam
consuetam institutus. Et mandatum est Archidiacono predicto ut,
etc.

[Serlo de Burgo, monk, presented by the Abbot of Peterborough, is admitted
Warden of St. Michael's Priory, Stamford.]

[PRIORATUS SANCTI MICHAELIS STANFORD'.]—Serlo de
Burgo, monachus, presentatus per Abbatem de Burgo ad custodiam
prioratus Sancti Michaelis Stanford', vacantem per resignationem
Henrici de Fiskerton', quam dominus Episcopus approbavit, cum
omnia essent in expedito, ad eundem admissus est, et in eo canonice
custos institutus. Et mandatum est Priorisse et monialibus ibidem
ut eidem decetero tanquam custodi suo intendentes sint et obedientes. Injunctum est etiam R., Archidiacono Lincolnie, presenti,
ut, etc.

[William Escrop, canon of Elsham, is instituted Prior of the same.]

[PRIORATUS DE ELLESHAM.]—Willelmus Escrop', canonicus
de Ellesham, electus per canonicos de Ellesham in priorem, facta
prius inquisitione per R., Archidiaconum Lincolnie, secundum quod
de electionibus fieri consuevit, interveniente Willelmi de Dive,
ratione uxoris sue, assensu, per que, etc., ad eundum admissus est,
et in eo canonice Prior institutus. Et mandatum est dicto Archidiacono ut ipsum in corporalem dicti prioratus possessionem
inducat, et canonicis ibidem injungat ut ei decetero tanquam Priori
suo intendant et obediant.

[*On the face :—*]

LINCOLN'.—ANNUS XXI[us.]

[Thomas de Burgo, chaplain, presented by the Prior and Convent of Bridlington,
is instituted vicar of Witham-on-the-Hill. The vicarage is described.]

[WIHAM] VICARIA.[1]—Thomas de Burgo, capellanus, presentatus per Priorem et conventum de Bridlington' ad vicariam ecclesie
de Wiham, facta prius inquisitione per R., Archidiaconum Lincolnie
per quam omnia erant in expedito, ad eandem admissus est, et in

---

[1] A later hand has added "dotatio vicarie".

ea canonice vicarius perpetuus institutus, cum onere ministrandi personaliter in eadem ad mandatum domini Episcopi. Consistit autem ipsa vicaria in omnibus oblationibus per annum, exceptis purificationibus, sponsalibus, annualibus, tricennalibus, de quibus vicarius non habebit nisi tertiam partem consistit etiam in tertia parte omnium decimarum tam majorum quam minorum ecclesiam de Wiham contingentium, cum toto ciragio, exceptis decimis de quatuor culturis, videlicit, de Dichanwang', Scontwang', Hunthawahil ex utraque parte vie, que tendit de Lund usque Edenham, et exceptis decimis omnium terrarum de dominicis terris canoni-corum de Bridlingeton' quas habent in parrochia de Wiham, de quibus vicarius de Wiham nihil percipiet. Habet etiam vicarius mansum competentem edificatum et toftum eidem manso ad-jacentem et communam pasture ville de Wiham, et sustinebit omnia onera episcopalia et archidiaconalia, et faciet deserviri in capella de Lund dominicis diebus tantum per annum; et valet totalis ecclesia xxiiij^{or} marcas, et vicaria viij marcas. Et mandatum est dicto Archidiacono ut ipsum Thomam inducat in corporalem dicte vicarie possessionem.

[*John de Thimelby, chaplain, presented by the Master, Prioress, and Convent of Stixwould, is instituted vicar of Lavington alias Lenton. The vicarage is described.*]

LAVINGTON' VICARIA.—Johannes de Thimelby, capellanus, presentatus per Magistrum, Priorissam, et conventum de Stikeswaud' ad vicariam ecclesie de Lavington', facta prius inquisitione per R., Archidiaconum Lincolnie, per quam, etc., ad eandem admissus est, sub onere et pena vicariorum. Consistit autem ipsa vicaria in toto alteragio tam ecclesie quam cappellarum ad dictam ecclesiam per-tinentium et in decimis garbarum totius proprii dominici Radulfi Ridel in Kiseby, et habebit vicarius capellanum socium, et solvet sinodalia, et habet mansum competentem. Dicti vero Magistri, Priorissa, et conventus procurabunt hospitium Archidiacono, et cetera onera, tam ordinaria quam extraordinaria, sustinebunt; et valet vicaria x marcas. Et mandatum est dicto Archidiacono ut, etc.

[*Ralph de Portu, sub-deacon, presented by the Abbot and Convent of Thornton, is instituted to the church of Welton.*]

WELLETON'.—Radulfus de Portu, subdiaconus, presentatus per Abbatem et conventum de Thorneton' ad ecclesiam de Welleton', vacantem per Concilium, facta prius inquisitione per R., Archidiaconum Lincolnie, per quam, etc., ad eandem admissus [est] sub pena Concilii, et in ea canonice persona institutus. Et injunctum est dicto Archidiacono, ut, etc.

[Gilbert de Trelli, presented by Robert de Rye, is instituted to the church of Gosberton.]

GOSBERTCHIRCHE.—Gilbertus de Trelli, [*blank*], presentatus per Robertum de Rye ad ecclesiam de Gosbertchirch', vacantem per Concilium, facta prius inquisitione per R., Archidiaconum Lincolnie, per quam, etc., ad eandem admissus est, etc. Et injunctum est dicto Archidiacono, presenti, ut, etc.; salvis commune Lincolniensis ecclesie quadraginta marcis annuis per manum ipsius G. ad quatuor terminos persolvendis, videlicet [*the entry ends here*].

[Richard de Lindon, presented by his brother Alan de Lindon, is instituted to the church of Creeton.]

CRETON'.—Ricardus de Lindon, [*blank*], presentatus per Alanum de Lindon', fratrem suum, ad ecclesiam de Creton, facta prius inquisitione per R., Archidiaconum Lincolnie, per quam, etc., ad eandem admissus est, etc. Et mandatum est dicto Archidiacono ut, etc. Injunctum est etiam eidem Ricardo ut ad vocationem Episcopi veniat ordinandus.

[John de Wilingham, chaplain, presented by the Prior and Convent of Eye, is instituted to a mediety of the church of Welbourn.]

WELLEBURNE MEDIETAS.—Johanes de Wilingham, capellanus, presentatus per Priorem et conventum de Eya ad illam medietatem ecclesie de Welleburn' quam Achardus ultimo tenuit, facta prius inquisitione per R., Archidiaconum Lincolnie, per quam, etc., ad eandem admissus est cum onere et pena vicariorum. Et mandatum est dicto Archidiacono ut, etc.

[Henry, chaplain, presented by Robert Gredley, is instituted to the church of Bloxholm.]

BLOKESHAM.—Henricus, capellanus, presentatus per Robertum Gredley ad ecclesiam de Blokesham, facta prius inquisitione per R., Archidiaconum Lincolnie, per quam, etc., ad eandem admissus est, etc. Et mandatum est dicto Archidiacono ut, etc.

[Eudo de Farlethorp, sub-deacon, presented by Robert de Thurs to one mediety, and by Alice daughter of Ralph de Mumby to the other, is instituted to the church of Cumberworth.]

[CUM]BERWURD' MEDIETAS.—Eudo de Farlethorp', subdiaconus, presentatus per Robertum de Thurs, ratione Beatricis, uxoris sue, ad unam medietatem ecclesie de Cumberwurth', et per Aliciam, filiam Radulfi de Mumby, ad aliam, facta prius inquisitione per R.,

Archidiaconum Lincolnie, per quam, etc., ad eandem ecclesiam admissus est sub pena Concilii. Et mandatum est dicto Archidiacono
ut, etc.

*[Ralph de Wadington, chaplain, presented by the Prior and Convent of Nocton, is
instituted vicar of Dunston. The vicarage is described.]*

[D]UNSTON' VICARIA.—Radulfus de Wadington', capellanus,
presentatus per Priorem et conventum de Noketon' ad vicariam de
Dunston', facta prius inquisitione per R., Archidiaconum Lincolnie,
per quam., etc., ad eandem admissus est, etc., cum onere et pena
vicariorum, etc. Consistit, autem, ipsa vicaria in medietate decime
omnium garbarum illius parrochie et in tota terra pertinente ad
ecclesiam, et in toto altaragio, et in omnibus minutis decimis et
obventionibus. Et mandatum est dicto Archidiacono ut, etc.

*[Richard le Flemeng, sub-deacon, presented by the Abbot and Convent of Tup-
holme, is instituted to a sixth portion in the church of Brocklesby.]*

[BROCHMEBY] vj^a port[io]¹.—Magister Ricardus le Flemeng',
subdiaconus, presentatus per Abbatem et conventum de Tupeholm'
ad sextam portionem in ecclesia de Brochmeby, facta prius inquisitione per R., Archidiaconum Lincolnie, per quam, etc., ad eandem
admissus est, etc. Et mandatum est, etc.

*[Geoffrey de Sancto Medardo, sub-deacon, presented by the Master of the Order of
Sempringham and the Prior and Convent of St. Katherine, Lincoln, is
instituted to the church of Stapleford.]*

STAPLEFORD'.—Galfridus de Sancto Medardo, subdiaconus,
presentatus ad ecclesiam de Stapelford per Magistrum Ordinis de
Sempingham et Priorem et conventum Sancte Katerine Lincolnie,
facta prius inquisitione per R., Archidiaconum Lincolnie, Osberto
filio Nigelli et Johanne de Isinny juri quod in ipsa ecclesia se habere
asserebant coram Episcopo renunciantibus, et recepto mandato
Magistri J., subdecani Eboraci, quod non obstante prohibitione sua
domini Episcopo facta, si beneficium illud estimationem xiij marcarum non excedat, admittatur, per que, etc., ad eandem admissus
est, etc.; et veniet ad proximos ordines post Pasca ordinandus.
Factum est, et injunctum est dicto Archidiacono Lincolnie, presenti,
ut, etc. Subdiaconus est.

*[Roger de Lunderthorp, presented by John Seintliz, is admitted to the church of
Skinnand.]*

SCKINAND'.—Rogerus de Lundertorp, capellanus, presentatus
ad ecclesiam de Skinand' per Johannem de Seintliz, ratione dotis
uxoris sue, facta prius inquisitione per R., Archidiaconum Lincolnie

---

¹ The later hand has added "Broklesby vj pars".

per quam, etc., ad eandem admissus est, cum onere et pena vicariorum, etc. Et injunctum est eidem Archidiacono, presenti, ut, etc.

[*Walter de Kantilupo, sub-deacon, presented by William Bardulf, is instituted to a mediety of the church of Ruskington.*]

MEDIETAS ECCLESIE DE RISKINTON'.—Magister Walterus de Kantilupo, subdiaconus, presentatus per Willelmum Bardulf ad illam medietatem ecclesie de Riskinton' quam Manasserus ultimo tenuit, facta prius inquisitione per R., Archidiaconum Lincolnie, et Magistro W. de Rainham' presentationi sue renunciante, per que, etc., ad eandem admissus est, etc. Et mandatum est dicto Archidiacono ut, etc. Desunt litere presentationis.

[*Nicholas de Maundevill is collated, owing to a dispute about the patronage, to the church of Mumby.*]

MUMBY.—Nicholaus de Maundevill', [*blank*], cui dominus Episcopus de concessione et donatione Prioris et conventus de Markeby, patronorum ecclesie de Mumby, ecclesiam ipsam cum pertinentiis contulit, receptis litteris domini Regis continentibus quod dictus Prior coram justiciariis apud Westmonasterium recuperavit seisinam suam versus Robertum le Thurs et Beatricem, uxorem ejus, de advocatione ecclesie de Mumby per considerationem ejusdem curie, etc., per que, etc., in eadem ecclesia persona canonice est institutus; salvo eisdem Priori et conventui jure presentandi ad eandem cum ipsam ulterius vacare contigerit. Et mandatum est R., Archidiacono Lincolnie, ut, etc. Omnes autem littere negotium istud contingentes reposite sunt in scrinio domini Episcopi in pixide signata.

[*Henry de Leircestria, chaplain, presented by the Abbot and Convent of Aunay, is admitted vicar of Limber Magna.*]

LIMBERG VICARIA.—Henricus de Leircestria, capellanus, presentatus per Abbatem et conventum de Alneto ad vicariam ecclesie de Limberghe, vacantem per mortem Magistri Johannis del Houme qui eam ultimo tenuit, facta prius inquisitione per R., Archidiaconum Lincolnie, per quam, etc., ad eandem admissus est cum pena et onere vicariorum. Et mandatum est dicto Archidiacono ut, etc.

[*Ralph de Sancto Fromundo, sub-deacon, presented by the Prior of Sherburn, proctor for the Prior and Convent of St. Fromund, is instituted to the church of Saxby. A pension is reserved to the Convent.*]

SAXEBY.—Radulfus de Sancto Fromundo, subdiaconus, presentatus ad ecclesiam de Saxeby per Priorem de Shireburn',

VOL. III.

generalem procuratorem Prioris et conventus de Sancto Fromundo in Anglia ad presentandum ad beneficia eos ratione patronatus contingentia cum vacaverint, facta prius inquisitione per R., Archidiaconum Lincolnie, per quam, etc., ad eandem admissus est, etc. Et mandatum est dicto Archidiacono ut, etc.; salva dictis Priori et conventui de Sancto Fromundo una marca annua, per manus persone nomine beneficii percipienda, quam ibi de concessione et confirmatione Domini H. secundi et Capituli Lincolnie percipere consueverunt.

[*Walter de Andeur, chaplain, presented by the Prior of Sherburn, proctor for the Prior and Convent of St. Fromund, is admitted vicar of Bonby. The vicarage is described.*]

[BUND]EBY VICARIA.—Walterus de Andeur', capellanus, presentatus per Priorem de Syreburn', generalem procuratorem Prioris et conventus de Sancto Fromundo in Anglia, ad vicariam ecclesie de Bundeby, facta prius inquisitione per R., Archidiaconum Lincolnie, per quam, etc., ad eandem admissus est cum onere et pena vicariorum, etc. Et mandatum est eidem Archidiacono ut, etc. Consistit, autem, ipsa vicaria in omnibus obventionibus altaris et minutis decimis et decimis tantum garbarum de cruftis infra villam de Bondeby, et valet vij marcas annuatim.

[*Wiliam de Banburg, chaplain, presented by the Abbot and Convent of Bourne, is instituted vicar of Morton. The vicarage is described.*]

[MORTON'] VICARIA.[1]—Willelmus de Banburg', capellanus, presentatus per Abbatem et conventum de Brunn' ad perpetuam vicariam ecclesie de Morton', facta prius inquisitione per R., Archidiaconum Lincolnie, per quam, etc., ad eandem vicariam admissus est cum onere et pena vicariorum, etc. Et mandatum est dicto Archidiacono ut, etc. Consistit, autem, ipsa vicaria in toto alteragio, et in omnibus obventionibus altaris et decimis, preter decimas garbarum et feni, et preter terram ecclesie que dicti canonici habent in proprios usus, et preter xxx solidos quos predicti canonici singulis annis percipiunt de predicta vicaria ad duos terminos, scilicet, ad Pentecosten xv solidos et ad festum Sancti Martini xv solidos; et sustinebit vicarius omnia onera quo ad servitium dicte ecclesie, et solvet sinodalia. Abbas, vero, et conventus invenient procuratorem Archidiaconi, et sustinebunt onera refectionis cancelli et librorum et vestimentorum ecclesie, et invenient mansum vicario competentem infra Pascha. Valet, autem, ipsa vicaria per annum v marcas.

---

[1] The later hand has added "portio vicarie".

[Nicholas de Belvero, chaplain, presented by the Prior and Convent of Belvoir, is instituted vicar of Aubourn. The vicarage is described.]

AUBURN' VICARIA.—Nicholaus de Belvero, capellanus, presentatus per Priorem et conventum de Belvero ad perpetuam vicariam ecclesie de Auburn', facta prius inquisitione per R., Archidiaconum Lincolnie, per quam, etc., ad eandem vicariam admissus est cum onere et pena vicariorum, etc. Et mandatum est dicto Archidiacono ut, etc. Consistit, autem, ipsa vicaria in toto altaragio et in tofto assignato. Et solvet vicarius tantum sinodalia.

[Ralph de Dereby, chaplain, presented by the Prior and Convent of Thurgarton, is instituted vicar of Scopwick. The vicarage is described.]

SCAPEWIK'.[1]—Radulfus de Dereby, capellanus, presentatus per Priorem et conventum de Turgarton' ad perpetuam vicariam ecclesie de Scapwic, facta prius inquisitione per R., Archidiaconum Lincolnie, per quam, etc., ad eandem admissus est, etc., cum onere et pena vicariorum. Consistit, autem, ipsa vicaria in toto alteragio cum tofto assignato et in una marca. Et mandatum est dicto Archidiacono ut dictam marcam in certis portionibus assignari, et sic demum in corporalem dicte vicarie possessionem ipsum R., faciat induci. Valet, autem, ipsa vicaria per annum v marcas.

[Gilbert de Gouceb', chaplain, presented by the Master, Prioress and Convent of Stainfeld, is instituted vicar of Waddingworth. The vicarage is described.]

WADINGWRTH' VICARIA.[1]—Gilbertus de Gouceb', capellanus, presentatus per Magistrum, Priorissam et conventum de Stainfeld' ad perpetuam vicariam ecclesie de Wadingworth', facta prius inquisitione per R., Archidiaconum Lincolnie, per quam, etc., ad eandem admissus est, etc., cum onere et pena vicariorum. Consistit, autem, ipsa vicaria in toto alteragio, et minutis decimis et omnibus obventionibus preter decimas garbarum et feni, et in tofto competenti ut in curia adjacente et in una bovata terre arabilis cum pertinentiis. Et mandatum est dicto Archidiacono ut, etc. Valet, autem, ipsa vicaria per annum iiij marcas et dimidiam.

[Henry de Scardeburg, sub-deacon, presented by Thomas de Lacell', is instituted to the church of Swallow.]

SUALEWE.—Magister Henricus de Scardeburg', subdiaconus, presentatus per Thomam de Lacell' ad ecclesiam de Sualewe, facta prius inquisitione per R., Archidiaconum Lincolnie, per quam, etc., ad eandem admissus est, etc., sub pena Concilii. Et injunctum est eidem Archidiacono, presenti, ut, etc.

---

[1] The later hand has added "portio vicarie".

[*James de Nevill, sub-deacon, presented by Hugh de Nevill, is instituted to the church of Gayton.*]

GEYTON'.—Jacobus de Nevill', subdiaconus, presentatus per Hugonem de Nevill' ad ecclesiam de Geyton', facta prius inquisitione per R., Archidiaconum Lincolnie, per quam, etc., ad eandem admissus est, etc., sub pena Concilii. Et injunctum est eidem Archidiacono, presenti, ut, etc.

[*Robert de Wakerl, chaplain, presented by the Abbot and Convent of Grimsby, is instituted vicar of Cabourn. The vicarage is described.*]

[K]ABURN' VICARIA.[1]—Robertus de Wakerl', capellanus, presentatus per Abbatem et conventum de Grimesby ad perpetuam vicariam ecclesie de Kaburn', cum omnia essent in expedito, ad eandem admissus est, etc., cum onere et pena vicariorum. Consistit, autem, ipsa vicaria in toto altaragio, et in minutis decimis ad ipsam ecclesiam pertinentibus cum manso competenti, et in tribus bovatis terre et dimidia ex una parte ville, et tribus bovatis terre et dimidia ex altera cum omnibus earum pertinentiis, literis ab omni seculari exactione et a prestatione decimarum quietus. Dicti, vero, Abbas et conventus omnia illius ecclesie perpetuo sustinebunt preter onus parrochiale. Et injunctum est R., Archidiacono Lincolnie, presenti, ut, etc.

[*Reginald de Seinesbiria, sub-deacon, presented by the Knights-Templars, is instituted to the church of Miningsby.*]

[MI]THINGESB'.—Reginaldus de Seinesbiria, subdiaconus, presentatus per Fratrem Robertum de Sandford', gerentem vices Magistri Militie Templi in Anglia, ad ecclesiam de Mithingesb', facta prius inquisitione per R., Archidiaconum Lincolnie, per quam, etc., ad eandem admissus est, etc. Et injunctum est eidem Archidiacono, presenti, ut, etc.

[*Richard de Stretton, sub-deacon, presented by the Prior and Convent of Spalding, is instituted to a mediety of the church of Belchford.*]

[BEUTESF]ORD'.—Ricardus de Stretton', subdiaconus, presentatus per Priorem et conventum de Spalding' ad medietatem ecclesie de Beutesford', facta prius inquisitione per R., Archidiaconum Lincolnie, per quam, etc., ad eandem admissus est, etc. Et injunctum est ut supra.

[*Ranulph de Skendelby, chaplain, presented by William de Falestorp, is instituted to the church of St. Margaret, Dexthorpe.*]

[DREXTORP'.]—Ranulphus de Skendelby, capellanus, presen-

---

[1] The later hand has added "vicarie portio."

tatus per Willelmum de Falestorp' ad ecclesiam Sancte Margarete de Drextorp', facta prius inquisitione per R., Archidiaconum Lincolnie, per quam, etc., ad eandem admissus est cum onere et pena vicariorum, etc., ut supra.

[*Ralph de Stoke, chaplain, presented by the Prior and Convent of St. Fromund, is instituted to the church of St. George, Stamford.*]

[SANCTI GEOR]GII STANFORD'.—Radulfus de Stok', capellanus, presentatus per Priorem et conventum Sancti Fromundi ad ecclesiam Sancti Georgii Stanford', facta prius inquisitione per R., Archidiaconum Lincolnie, per quam, etc., ad eandem admissus est cum onere et pena vicariorum, etc., ut supra.

[*Henry de Leddebroc, sub-deacon, presented by the Order of Sempringham, is instituted to a mediety of the church of Kirkby-Underwood.*]

KYRKEBY.—Henricus de Leddebroc, subdiaconus, presentatus per Magistrum Ordinis de Sempingham, et Priorem et conventum domus de Sempingham, ad medietatem ecclesie de Kyrkeby juxta Aslackeby, facta prius inquisitione per R., Archidiaconum Lincolnie, per quam, etc., ad eandem admissus est, etc. Et injunctum est dicto Archidiacono ut, etc. [*In the margin:*—] . . . . . [?] in Concilio.

[——— *de Sauflateby, sub-deacon, presented by Harold, son of Humphrey, is instituted to the mediety of the church of St. Peter, Saltfleetby, vacated by John de Burgo.*]

SAUFLATEBY.—[*blank*] de Sauflateby, subdiaconus, presentatus per Haraldum filium Umfridi ad medietatem ecclesie Beati Petri de Sautflateby, vacantem eo quod Johannes de Burgo, qui eam ultimo tenuit, aliud admisit beneficium cui cura animarum, etc., facta prius inquisitione per R., Archidiaconum Lincolnie, per quam, etc., ad eandem admissus est, etc. Et injunctum est dicto Archidiacono ut, etc., ut supra. [*In the margin:*—] Desunt litere presentationis.

[*Philip, sub-deacon, presented by William de Billesby, is instituted to the church of Bilsby.*]

BILLESBY.—Philippus de [*blank*], subdiaconus, presentatus per Willelmum de Billesby, militem, ad ecclesiam de Billesby, facta prius inquisitione per R., Archidiaconum Lincolnie, per quam, etc., ad eandem admissus est. Et injunctum est dicto Archidiacono ut, etc. [*In the margin:*—] Non habemus literas presentationis.

[*Robert de Paxton, presented by the Abbot and Convent of Croyland, is instituted to the church of Fordington.*]

FORDINGTON'.—Magister Robertus de Paxton', presentatus per Abbatem et conventum de Croiland' ad ecclesiam de Fordington', facta prius inquisitione per R., Archidiaconum Lincolnie, per quam, etc., ad eandem admissus est.　Et injunctum est dicto Archidiacono ut, etc.

[*Theobald de Reinevill, sub-deacon, presented by Matilda de Giney, is instituted to the church of Dowsby.*]

DUSEBY.—Theodbaldus de Reinevill', subdiaconus, presentatus per Matildem de Giney ad ecclesiam de Duseby, facta prius inquisitione per R., Archidiaconum Lincolnie, per quam, etc., ad eandem admissus est.　Et injunctum est dicto Archidiacono ut, etc.

[*Robert de Wadington, chaplain, presented by Robert de Sanford, acting for the Knights-Templars, is instituted to the church of North Scarle.*]

PARVA SCARLE.—Robertus de Wadington', capellanus, presentatus per Fratrem Robertum de Sanford', gerentem vices Magistri Militie Templi in Anglia, et ejusdem Militie Fratres, ad ecclesiam de Parva Scarle, facta prius inquisitione per R., Archidiaconum Lincolnie, per quam, etc., ad eandem admissus est, cum onere ministrandi in eadem.　Et mandatum est eidem Archidiacono ut, etc.

[*John de Snelleslond, sub-deacon, is collated to the church of Snelland.*]

SNELLESLOUND'.—Magister Johannes de Snelleslond', subdiaconus, cui dominus Episcopus ecclesiam de Snelleslond' auctoritate Concilii contulit, ad eandem admissus est, etc. ; salvo patronis ejusdem, cum alias eam vacare contigerit, jure presentandi ad eandem.　Et mandatum est Archidiacono Lincolnie ut, etc.

[*On the dorse :—*]

[*The election of Simon de Hauton, as Prior of Spalding.*]

[PRIORATUS DE SPALDING'.]—Vacante prioratu de Spalding' per mortem Radulfi le Mansel, ultimo Prioris ibidem, Constantius, Abbas Sancti Nicholai Andegavie, per litteras patentes conventus sui subscriptas pro negotio de Spalding' missus specialiter in Angliam, accedens ad dominum Episcopum Lincolniensem, Hugonem secundum, apud Kildeby, die Beate Scolastice Virginis, dominica scilicet Sexagesime, anno Domini millesimo ducentesimo vicesimo nono, litteras nobilis' viri Ranulfi, Comitis Cestrie et Lincolnie, ipsius prioratus patroni, eidem Episcopo porrexit in

forma subscripta, sicut idem Abbas per litteras suas patentes infe-
rius scriptas testificatus est. Qui quidem quoniam in litteris
predicti Comitis de electione Johannis, Prioris de Kirkeby, in
priorem Spalding' fiebat mentio, requisitus an litteras conventus de
Spalding' haberet de eorum electione vel consensu, respondit quod
non ; immo quod eas ad diem et locum sibi prefigendos exhiberet,
prefixus est ei dies ad id, dies, scilicet, Sanctarum Perpetue et
Felicitatis apud Parcum Stowe ; custodia predicti prioratus interim
predicto Priori de Kirkeby de gratia domini Episcopi commissa.
Quibus die et loco comparuerunt dicti Abbas et Prior ex una parte,
et Galfridus de la Gravele, Supprior Spalding', et cum eo Johannes
de Coln', Thomas de Greingham, Thomas de Spekebrigg', Andreas
de Pincebec, Johannes cantor, Radulfus de Ely, Eudo, refectorarius,
Odo, et Thomas Coping, monachi Spalding', ex altera ; Walterus,
etiam, de Pincebec, Abbas Cestrie, et Magister Gilbertus de Weston',
procuratores predicti Comitis per litteras suas patentes constituti.
Cum, igitur, presentibus omnibus supradictis, quesitum esset ab
Abbate Beati Nicholai Andegavie et Priore de Kirkeby predictis an
litteras predicti conventus Spalding' haberent de quibus supradictum est, responsum est absolute quod non, et petitum ab eodem
Abbate Andegavie quod circa presentatum predictum dominus
Episcopus quod suum erat exequeretur. Surgentes, autem, ex
adverso Supprior et cum eo novem monachi Spalding' prescripti
contra dominum Priorem de Kirkeby ne eis preficeretur pro se et
toto conventu residuo de Spalding', cum nunquam in ipsum
consensissent, vocem emiserunt appellationis. Quo audito, procuratores Comitis supradicti, pro jure domini sui contra eundem
Priorem similiter appellantes, litteras quasi revocatorias presentaverunt, ut infra. Tandem, post multas altercationes inter partes
predictas, negotium predictum hiis finibus conquievit ; videlicet,
Priore de Kirkeby juri, si quod habuit vel habere videbatur, in
prioratu Spalding' occasione presentationis predicte penitus renunciante ; partibus, etiam, supradictis appellationibus suis premissis
similiter renunciantibus, dictus Abbas Andegavie, Supprior, et
monachi supradicti, pro se et residuo de conventu, de licentia
procuratorum predictorum Comitis, post tractatum inter eos habi-
tum, Simonem de Hauton', monachum Spalding', in quem preficiendum Priorem ibidem unanimiter consenserant, patrono suo
predicto per dictos procuratores suos suum ad id adhibente consensum, domino Episcopo ibidem presentaverunt. Qui, quidem,
cognitis ipsius negotii meritis, de consilio juris peritorum sibi assi-

dentium ipsum S. in priorem Spalding' auctoritate episcopali sollempniter confirmavit, et post deductionem ipsius S. in capellam ibidem abbatibus predictis, monachis etiam et aliis sequentibus, cum decantatione Miserere mei Deus, propter Quadragesimam, ipsum S. redeuntem a capella in priorem sollempniter per librum, ut moris est, instituit, curam dicte domus ei tam in temporalibus quam in spritualibus committendo, sacramento super obedientia corporaliter, sicut moris est, subsecuto. Presentibus Roberto, Archidiacono Lincolnie, Magistro W. de Beningworth' et Garino de Kirketon', capellanis, Magistro Ricardo de Wendour', W. de Winchecumb et Ricardo de Oxonia, canonicis Lincolnie, Willelmo de Candeyo et Jeulano, monachis Andegavie, Hugone Caife et Waltero, monachis Cestrie, Helya de Heilles, capellano, et Gilberto de Treilly, senescallo domini Lincolnie, Magistris Radulfo de Appelby, Garino de Segreyo, Adam de Gersing', Alardo de Arundell', Roberto de Hinkele et Willelmo de Perrariis, Galfrido de Lichebarewe, Thoma de Askeby et Stephano de Castell', et aliis. Et injunctum est dicto Archidiacono Lincolnie ut circa installationem ipsius Prioris quod suum est exequatur.

[*Letters of the Chapter of St. Nicholas, Angers.*]

LITTERE CAPITULI ANDEGAVIE DE QUIBUS FIT MENTIO SUPRA.

Reverendo in Christo patri ac domino venerabili Lincolniensi Episcopo, humile capitulum Beati Nicholai Andegavie, salutem, et cum paterna dilectione debitum et devotum obedientie famulatum. Super hoc quod paternitatis vestre discretio domum nostram Spalding' et jura Beati Nicholai, patroni nostri, immo omnium clericorum, bene et laudabiliter hactenus fovit, manutenuit, et servavit, summi Regis potentie et caritati vestre, quanta possumus, devotione gratiarum referimus actiones, paternitatis vestre clementiam exorantes et in Domino supplicantes quatinus pastori nostro, latori presentium, viro religioso et honesto, nomine Constantio, quem ad pedes pietatis vestre pro negotiis monasterii non solummodo nostri verum etiam et vestri et maxime pro institutione Prioris in jamdicta domo Spalding', iteratis precibus duximus destinandum, solite benignitatis et discrete bonitatis consilium et auxilium misericorditer impendatis, ut ex tantis misericordie et pietatis operibus, et tam meritis quam intercessione beatissimi confessoris summe justus Judex vestre caritati retributionis eterne premia largiatur. Valete.

[*Letters of the Earl of Chester and Lincoln.*]

LITTERE COMITIS CESTRIE ET LINCOLNIE.

Reverendo patri in Christo et Domino, H., Dei gratia Lincolniensi Episcopo, devotus filius R., Comes Cestrie et Lincolnie, salutem in ˜salutis Auctore. Noverit paternitas vestra quod Abbas Sancti Nicholai de Andegavia ad me, tanquam ad patronum prioratus Sancti Nicholai de Spalding' accessit, et, petita prius a me licentia eligendi, michi presentavit in Priorem ejusdem domus dominum Johannem, Priorem de Kirkeby, unde quia audivi et intelligo ipsum esse virum providum et honestum et discretum, ad hoc assensum prebens, eundem Johannem per litteras meas patentes in Priorem dicte domus de Spalding' vobis presento, devote supplicans quatinus si placet hoc quod vestrum est sine difficultate et dilatione circa ipsum exequi velitis. Bene valeat paternitas vestra in Domino.

[*Letters of Constantius, Abbot of St. Nicholas, Angers.*]

LITTERE CONSTANTII, ABBATIS ANDEGAVIE.

Omnibus Christi fidelibus ad quos presens scriptum pervenerit, Constantius, divina permissione Abbas Sancti Nicholai Andegavie, salutem in Domino. Noveritis vos litteras nobilis viri R., Comitis Cestrie et Lincolnie, patroni prioratus Spalding', impetrasse, et eas ex parte sua venerabili patri Lincolniensi Episcopo, H. secundo, pro nobis porrexisse sub hac forma : Reverendo patri in Christo domino H., Dei gratia Lincolniensi Episcopo, etc., ut supra in litteris dicti Comitis. Bene valeat paternitas vestras in Domino. In hujus, vero, rei testimonium presenti scripto sigillum nostrum duximus apponendum. Hiis testibus, Johanne, Priore de Kirkeby suprascripto, Magistro Willelmo de Candeyo et Johanne de Coln' monachis, Magistro Warino de Segreyo, clerico, et aliis. Datum apud Kildeby, anno gratie Mº CCº vicesimo nono, xiiijº kalendas Martii.

[*Letters of revocation of the same Earl.*]

LITTERE DICTI COMITIS REVOCATORIE.

Venerabili, etc., H., Lincolniensi Episcopo, R., Comes Cestrie, etc., salutem, etc. Dilecte paternitati vestre grates refero multiplices super hoc quod jus quod habeo in patronatu prioratus Spalding' firmum et stabile vultis servare. Nullo, enim, modo a forma compositionis inter me et Abbatem Andegavie super dicto patronatu, in presentia vestra facte, volo recedere ; unde, quia in

propria persona dicto negotio intendere non possum, dilectos et
fideles meos Dominum W., Abbatem Cestrie, et Magistrum G. de
Weston', procuratores meos constituo, ad faciendum quicquid ad
me pertinet secundum formam compositionis predicte. Ratum
enim et gratum habeo quicquid ab eis actum fuerit in predicto
negotio. Quare affectuose precor vos quatinus, si placet, eis in hiis
que vobis ex parte mea dicent fidem habeatis, et eo non obstantibus
litteris presentationis per Abbatem Andegavie et per Priorem de
Kirkeby ad vos optentis effectui mancipare velitis. Pro certo,
enim, sciatis quod littere ille falsa suggestione fuerant impetrate
propter quod viribus debent carere. Bene valete.

*[John, monk, presented by the Abbot and Convent of St. Sever, is admitted Prior
of Haugham.]*

HACHAM'.—Johannes, monachus, presentatus per Abbatem et
conventum Sancti Severi ad prioratum de Hacham, vacantem per
mortem J., prius Prioris ibidem, facta prius inquisitione per R.,
Archidiaconum Lincolnie, per quam, etc., ad eandem admissus est,
etc. Et injunctum est dicto Archidiacono, presenti, ut, etc.

*[Adam, monk, presented by the Abbot and Convent of St. Sever, is admitted Prior
of Haugham.]*

[HACHAM'.]¹—Frater Adam, monachus, presentatus per
dominum Ricardum, Abbatem de Sancto Severo, procuratorem
Prioris et conventus de Sancto Severo per litteras proc[ur]atorias
constitutum, ad prioratum de Hacham vacantem, admissus est ad
eundem et in eo perpetuus Prior institutus. Et sciendum quod
admissus fuit iste ab R. de Keyl', Archidiacono Lincolnie, vacante
sede Lincolnie per mortem Hugonis secundi.

[On the face of the roll :—]

ANNUS XXII^{US}.

*[Geoffrey de Wuleward, sub-deacon, presented by the Order of Sempringham,
after a dispute about the patronage, is instituted to the church of Walcot.]*

WALCOTE.—Galfridus de Wuleward', subdiaconus, presentatus
per Magistrum Ordinis, Priorem et conventum de Semplingham' ad
ecclesiam de Walecot', facta prius inquisitione per R., Archidiaconum Lincolnie, et receptis literis domini Regis quod Abbas de
Burgo, summonitus coram justiciariis suis apud Westmonasterium
ad respondendum Thome, Priori de Semplingham', quare impedivit,

---

¹ This entry is by another hand, and is clearly out of place.

etc., venit et recognovit in eadem curia predicto Priori presentationem suam ad eandem ecclesiam ; item, receptis litteris ejusdem
domini Regis continentibus quod David Anglicus et Matildis,
uxor ejus, Agnes de Walecot', Juwetta de Repplinghal', et Lucia
de Iwarby, summoniti coram justiciariis suis apud Westmonasterium
ad respondendum Thome, Priori de Semplingham', quare non
permiserunt, etc., venerunt in eadem curia et recognoverunt et
concesserunt eidem Priori presentationem suam ad eandem ecclesiam. Preterea idem Prior, in eadem curia nostra, per considerationem ejusdem curie recuperavit seisinam suam de eadem
advocatione versus predictam Luciam, participem ipsorum David
et Matilldis, Agnetis, et Juwette, per defaltam ipsius'Lucie ; per
que, cum negotium · esset in expedito, ad eandem ecclesiam
admissus est, et sub pena Concilii canonice persona institutus in
eadem. Et injunctum est dicto Archidiacono, presenti, ut eundem
G. in corporalem ipsius ecclesie possessionem faciat induci.

[*Michael de Thorneton, deacon, is collated to the church of Stenigot. The pension
of 10 shillings is reserved to the Prior and Convent of Trentham.*]

STANINGGOD'.—Michael de Thorneton', diaconus, cui dominus
Episcopus ecclesiam de Staninghod', de consensu Prioris et conventus de Trentham, patronorum ejusdem, contulit, facta prius
inquisitione per R., Archidiaconum Lincolnie, per quam, etc., ad
eandem, ad eorum presentationem, admissus est, et in ea sub pena
Concilii canonice persona institutus. Et injunctum est dicto
Archidiacono, presenti, ut, etc. ; salva eisdem Priori et conventui
annua et debita decem solidorum pensione de eadem. [*In the
margin :*—] Desunt litere presentationis.

[*John de Hayles, deacon, presented by the Prior and Convent of Spalding, is
instituted to the church of Sibsey.*]

CYBECEY.—Johannes de Hayles, diaconus, presentatus per
Priorem et conventum de Spauding' ad ecclesiam de Cybecey
vacantem, facta prius inquisitione per R., Archidiaconum Lincolnie,
per quam, etc., ad eandem admissus est sub pena Concilii, etc. Et
mandatum est dicto Archidiacono ut, etc.

[*William de Ralegh, sub-deacon, presented by the Abbot and Convent of Croyland,
after a dispute about the patronage, is instituted to the church of Whaplode.*]

QUAPPELAD'.—Willelmus de Ralegh', subdiaconus, presentatus
per Abbatem et conventum de Croyland' ad ecclesiam de Quappelad' vacantem, facta prius inquisitione per R., Archidiaconum
Lincolnie, et receptis litteris domini Regis continentibus quod,

cum Robertus de Ori summonitus esset quod esset coram justiciariis suis apud Westmonasterium, ad respondendum Abbati de Croyland' quare impedivit presentationem suam ad ecclesiam de Quappelad', que vacabat et ad suam spectabat donationem ut dicebatur, idem Robertus venit in eadem curia coram eisdem justiciariis et concessit quod admitteretur idonea persona ab eodem Abbate presentata, salvo sibi jure suo in posterum in eadem advocatione. Item, receptis litteris ejusdem domini Regis quod, cum Fulco de Ori in curia sua coram justiciariis suis implacitaret apud Westmonasterium Abbatem Croiland' de advocatione ecclesie de Quappelad', idem Fulco venit in eadem curia et cognovit eidem Abbati seisinam suam de eadem advocatione, salvo eidem Fulconi jure suo, unde eundem Abbatem in eadem curia coram eisdem justiciariis suis tunc implacitavit, per que, etc., ad eandem [Mem. 10.] admissus est sub pena Concilii, etc. Et mandatum est eidem Archidiacono ut, etc.

[*Roger le Bel, chaplain, presented by the Abbot and Convent of Thurgarton, is instituted vicar of Scopwick.*]

[SC]APUICH' VICARIA.—Rogerus le Bel, capellanus, presentatus per Priorem et conventum de Thurgeton' ad vicariam ecclesie de Scapwich', facta prius inquisitione per R., Archidiaconum Lincolnie, et Radulfo de Derby, capellano, presentato prius ad eandem, ei per litteras suas patentes renunciante, per que, etc., ad eandem admissus est cum onere et pena vicariorum, etc. Et mandatum est dicto Archidiacono ut, etc.

[*Alan de Repingal, sub-deacon, presented by John, son of Hugh de Repingal, is instituted to a third part of the church of Rippingale.*]

[R]EPINGHAL'.—Alanus de Repingal', subdiaconus, presentatus per Johannem, filium Hugonis de Repingal', facta prius inquisitione per R., Archidiaconum Lincolnie, per quam, etc., ad eandem admissus est, et in ea canonice persona institutus. Et mandatum est dicto Archidiacono ut, etc. Injunctum est etiam admisso, sub debito juramenti prestiti, quod scolas frequentet et addiscat, et maxime cantare.

[*Alan de Kirketon, chaplain, presented by William, monk of Bennington, proctor of the Abbot of Sevigny, is instituted vicar of Long Bennington. The vicarage is described.*]

[BENINGTON'] VICARIA.[1]—Alanus de Kirketon', capellanus, presentatus per Willelmum, monachum de Benington', procuratorem

---

[1] The later hand has added "dotatio vicarie".

Abbatis de Saveynnye in Anglia, ad vicariam ecclesie de Benington, facta prius inquisitione per R., Archidiaconum Lincolnie, per quam, etc., ad eandem admissus est cum onere et pena vicariorum. Consistit, autem, ipsa vicaria in toto alteragio et in quatuor karectatis straminis, et in decima feni, licet contineatur in inquisitione Archidiaconi quod in quatuor karectatis feni. Et mandatum est dicto Archidiacono ut, etc.

[*Hamo de Grimesby, chaplain, presented by the Abbot and Convent of Beauport, is instituted to the church of Hatcliffe. A pension of half a mark is reserved to the Convent.*]

HADECLIVE.—Hamo de Grimesby, capellanus, presentatus per Abbatem et conventum de Belloportu ad ecclesiam de Hadeclive, vacantem per resignationem Bernardi, ultimo rectoris ejusdem, facta etiam inquisitione per Robertum, Archidiaconum Lincolnie, per quam, etc., ad eandem admissus est, etc. ; salva dictis Abbati et conventui annua dimidia marca nomine beneficii de eadem. Et injunctum est eidem Archidiacono, presenti, ut, etc.

[*Robert, chaplain, presented by the Abbot and Convent of Croyland, is instituted vicar of Claxby. The vicarage is described.*]

CLAXEBY VICARIA.—Robertus, capellanus, presentatus per Abbatem et conventum de Croyland' ad vicariam ecclesie de Claxeby, facta prius inquisitione per Robertum, Archidiaconum Lincolnie, per quam, etc., ad eandem admissus est cum onere et pena vicariorum, etc. Et injunctum est eidem Archidiacono, presenti, ut, etc. Consistit, autem, ipsa vicaria in toto altaragio cum tofto et terra pertinente ad ecclesiam, et in decima garbarum dominici quondam Baldrici de Grendhal', quicumque dictum dominicum tenuerit.

[*Richard de Thorp, chaplain, presented by John de Braitoft, is instituted to a mediety of the church of Claypole.*]

CLAIPOL.—Ricardus de Thorp, capellanus, presentatus per Johannem de Braitoft', militem, ratione heredis quem habet in custodia, et per Ricardum, filium Gerardi de Huwell', ratione uxoris sue, ad illam medietatem in ecclesia de Claipol quam Thomas ultimo tenuit, facta prius inquisitione per Robertum, Archidiaconum Lincolnie, per quam, etc., ad eandem medietatem admissus est, cum onere ministrandi personaliter in eadem, etc. Et mandatum est eidem Archidiacono ut, etc.

[*Walter de Germetorp, chaplain, presented by the Prior of Covenham, proctor for the Abbot of Karileph, is instituted to the church of St. Mary, Covenham.*]

SANCTE MARIE DE COVENHAM.—Walterus de Germetorp', capellanus, presentatus per Priorem de Covenham, generalem procuratorem Abbatis Sancti Cayilefi, ad ecclesiam Sancte Marie de Covenham, facta prius inquisitione per R., Archidiaconum Lincolnie, per quam, etc., ad eandem admissus est, cum onere et pena vicariorum. Et mandatum est dicto Archidiacono ut, etc.

[*John de Colsteworth, chaplain, presented by William de Ingoldeby, canon of the* Prebenda Aquilonaris *at Grantham, is instituted vicar of the same. The vicarage is described.*]

GRAHAM' VICARIA.[1]—Johannes de Colsteworth', capellanus, presentatus per Willelmum de Ingoldeby, canonicum prebende aquilonaris de Graham', ad ipsius prebende vicariam, interveniente venerabilis patris domini R., Episcopi, et Capituli Sarresberiensium assensu, facta prius inquisitione per R., Archidiaconum Lincolnie, per quam, etc., ad eandem admissus est, etc. Et mandatum est dicto Archidiacono ut, etc. Consistit, autem, ipsa vicaria in tota medietate obventionum et minutarum decimarum altaris ecclesie de Gunwareby, et in omnibus obventionibus et minutis decimis capellarum de Lundestorp', Herrierb', Dunnestorp', salvis c solidis de predictis partibus ejusdem prebende canonico annuatim percipiendis.

[*Peter de Bedinton, presented by the Abbot and Convent of Tupholme, is instituted to the church of Sturton. A pension of forty shillings is reserved to the Convent.*]

STRATTON'.—Petrus de Bedinton', [*blank*], presentatus per Abbatem et conventum de Thupeholm' ad ecclesiam de Stratton', facta prius inquisitione per R., Archidiaconum Lincolnie, per quam, etc., ad eandem admissus est, etc., sub pena Concilii; salvis inde dictis Abbati et conventu quadraginta solidis annuis nomine perpetui beneficii (habent cartas domini et capituli), si capitulum Lincolnie suum ad id adhibuerit assensum. Et injunctum est dicto Archidiacono, presenti, ut, etc.

[*Walter de Hareby, chaplain, presented by the Prior and Convent of Catley, is instituted vicar of Digby. The vicarage is described.*]

[DI]GGEBY VICARIA.—Walterus de Hareby, capellanus, presentatus per Priorem et conventum de Cattel' ad vicariam ecclesie de Diggeby, facta prius inquisitione per R., Archidiaconum Lincolnie, per quam, etc., ad eandem admissus est cum onere et pena

---

[1] The later hand has added "borialis vicarie ordinatio".

vicariorum, etc. Consistit, autem, ipsa vicaria in toto altelagio preter linum et primum legatum ; consistit, etiam, in manso competente assignando.

[*Simon de Tynton, chaplain, presented by William de Lysuris, is instituted to the church of Wilksby.*]

[WIL]KESBY.—Simon de Tynton', capellanus, presentatus per Willelmum de Lisuris ad ecclesiam de Wilkesby, facta prius inquisitione per .R., Archidiaconum Lincolnie, per quam, etc., ad eandem admissus est cum onere et pena vicariorum, etc. Et injunctum est eidem Archidiacono, presenti, ut, etc.

[*Ralph de Sempingham, sub-deacon, presented by the Order of Sempringham, is instituted to the church of South Reston.*]

[RISTON'.]—Magister Radulfus de Sempingham, subdiaconus, presentatus per Magistrum Ordinis de Sempringham' et Priorem et conventum de Bulington' ad ecclesiam de Riston', facta prius inquisitione per R., Archidiaconum Lincolnie, per quam, etc., ad eandem admissus est, etc. Et mandatum est dicto Archidiacono ut, etc.

[*Hugh de Bassingburn, sub-deacon, presented by the King, is instituted to the church of Scartho.*]

[SCARTHO.]—Hugo de Bassingburn', subdiaconus, presentatus per dominum Regem ad ecclesiam de Scartho, facta prius inquisitione per R., Archidiaconum Lincolnie, per quam, etc., ad eandem admissus est, etc. Et mandatum est dicto Archidiacono ut, etc.

[*Hugh Gubaud, sub-deacon, presented by the Prior and Convent of Spalding, is instituted to the church of Stickney.*]

[STIK]EN'.—Hugo Gubaud, subdiaconus, presentatus per Priorem et conventum Spalding' ad ecclesiam de Stiken', facta prius inquisitione per R., Archidiaconum Lincolnie, per quam, etc., ad eandem admissus est, etc. Et mandatum est dicto Archidiacono ut, etc. Et injunctum est dicto Hugoni, sub pena dicti beneficii amittendi, quod scolas frequentet et addiscat, maxime cantare.

[*Robert de Keles, sub-deacon, presented by Ketelebern, is instituted to the church of Trusthorpe.*]

STRUSTORP'.—Robertus de Keles, subdiaconus, presentatus per Ketelebern', militem, ad ecclesiam de Strutthorp', facta prius inquisitione per R., Archidiaconum Lincolnie, per quam, etc. Et mandatum est dicto Archidiacono ut, etc. Et injunctum est dicto instituto sub pena ut supra in proxima institutione.

[*John de Lada, sub-deacon, presented by the Prior and Convent of Belvoir, is instituted to the church of Uffington.*]

UFFINGTON'.—Magister Johannes de Lada, subdiaconus, presentatus per Priorem et conventum de Belvero ad ecclesiam de Uffington', facta prius inquisitione per R., Archidiaconum Lincolnie, per quam, etc., ad eandem admissus est, etc. Et mandatum est dicto Archidiacono ut, etc.

[*John de Cybecay, sub-deacon, presented by William de Manneby, is instituted to the church of Manby.*]

MANNEBY.—Johannes de Cybecay, subdiaconus, presentatus per Willelmum de Manneby, militem, ad ecclesiam de Manneby, facta prius inquisitione per R., Archidiaconum Lincolnie, per quam, etc., ad eandem admissus est, etc. Et mandatum est dicto Archidiacono ut, etc. Et injunctum est dicto instituto, sub pena beneficii predicti amittendi, quod scolas frequentet et addiscat.

[*Alan de Hauerberge, chaplain, presented by the Prior and Convent of Farleigh, is instituted to the church of Wyvill.*]

WYWELL'.—Alanus de Hauerberge, cappellanus, presentatus per Priorem et conventum de Ferleg' ad ecclesiam de Wywella, facta prius inquisitione per R., Archidiaconum Lincolnie, per quam, etc., ad eandem admissus est, etc. Et mandatum est dicto Archidiacono ut, etc.

[*Philip de Doverya, sub-deacon, presented by the Prior and Convent of Elsham, is instituted to the church of Kingerby. An annual payment of 3 marks is reserved to the Convent.*]

KYNEREBY.—Philippus de Doverya, subdiaconus, presentatus per Priorem et conventum de Ellesham ad ecclesiam de Kynereby, facta prius inquisitione per R., Archidiaconum Lincolnie, per quam, etc., ad eandem admissus est, etc. ; salvis dictis Priori et conventui tribus marcis annuis nomine perpetui beneficii, solvendo medietatem ad festum Pentecostes ; et missus est in corporalem possessionem per W. de Winchecumb, de speciali mandato domini Lincolniensis.

[*Matthew de Talevenda, sub-deacon, presented by the Abbot and Convent of St. Sever, is instituted to the church of Haugham.*]

HACCAM'.—Matheus de Talevenda, subdiaconus, presentatus per Abbatem et conventum Sancti Severi ad ecclesiam de Haccam, facta prius inquisitione per R., Archidiaconum Lincolnie, per quam, etc., ad eundem admissus est, et in ea canonice persona institutus ; cui injunctum est, sub debito juramenti, quod honestum habeat capellanum qui linguam sciat Anglicam. Et mandatum est dicto Archidiacono ut, etc.

[*Robert de Lesia, sub-deacon, presented by the Abbot and Convent of St. Mary, York, is instituted to the church of Belton.*]

BELTON'.—Magister Robertus de Lesia, subdiaconus, presentatus per Abbatem et conventum Sancte Marie Eboraci ad ecclesiam de Belton', vacantem per resignationem Magistri Johannis de Kadamo, ultimo rectoris ejusdem, facta prius inquisitione per R., Archidiaconum Lincolnie, per quam, etc., ad eandem admissus est, etc. Injunctum est, sub debito juramenti prestiti, quod honestum habeat ibi capellanum qui linguam sciat Anglicam. Et mandatum est dicto Archidiacono ut, etc.

[*Hugh Lovel, sub-deacon, presented by Henry de Hauvill, is instituted to the church of Hacconby.*]

[HA]CUNEBY.—Hugo Luvel, subdiaconus, presentatus per Henricum de Hauvill' ad ecclesiam de Hakuneby, facta prius inquisitione per R., Archidiaconum Lincolnie, per quam, etc., ad eandem admissus est, etc. Et mandatum est dicto Archidiacono ut, etc. Et injunctum est dicto H., sub debito juramenti et sub pena beneficii amittendi, quod scolas frequentet et addiscat.

[*Robert de Costicumb, sub-deacon, presented by Laurence Malcovenaunt to one mediety, and by Matilda Ribaud to the other, is instituted to the church of Little Carlton.*]

[K]ARLETON'.—Robertus de Costicumb', subdiaconus, presentatus per Laurentium Malcovenaunt, ratione uxoris sue, ad unam medietatem ecclesie de Parva Karleton', et per Matillidem Ribaud ad aliam medietatem ipsius ecclesie, facta prius inquisitione per R., Archidiaconum Lincolnie, per quam, etc., ad eandem ecclesiam admissus est, etc. Et mandatum est dicto Archidiacono ut, etc.

[*Eustace de Westmeln, sub-deacon, presented by Bernard, proctor for the Abbot and Convent of Beauport, is instituted to the church of Barnoldby-le-Beck. An annual payment of half a mark is reserved to the Convent.*]

[BERNOLDEBY.]—Eustachius de Westmeln', subdiaconus, presentatus per fratrem Bernardum, generalem in Anglia procuratorem Abbatis et conventus de Bello Portu, ad ecclesiam de Bernoldeby, facta prius inquisitione per R., Archidiaconum Lincolnie, per quam, etc., ad eandem admissus est, etc.; salva inde dictis Abbati et conventui dimidia marca annua, sibi per dominum Episcopum nomine perpetui beneficii concessa. Et injunctum est dicto Archidiacono, presenti, ut, etc.

[*Ralph de Panton is collated to the church of Muckton.*]

[MUKETON'.]—Radulfus de Panton, ·[*blank*], cui dominus Episcopus ecclesiam de Muketon' auctoritate Concilii contulit, ad

VOL. III.

eandem admissus est, cum onere et pena vicariorum, etc., salvo imposterum jure illius qui jus patronatus evicerit in eadem. Et injunctum est Roberto, Archidiacono Lincolnie, presenti, ut, etc.

[*Osbert de Neuport, priest, presented by the Abbot and Convent of Humberston, is instituted vicar of Humberston. The vicarage is described.*]

[H]UMBERSTEIN VICARIA.—Osbertus de Neuport, sacerdos, presentatus per Abbatem et conventum de Humberstein ad vicariam ecclesie de Humberstein, facta prius inquisitione per R., Archidiaconum Lincolnie, per quam, etc., ad eandem admissus est cum onere et pena vicariorum, etc. Et injunctum est dicto Archidiacono, presenti, ut, etc. Consistit, autem, ipsa vicaria in quinque - marcis annuis percipiendis per manus celerarii dicte domus, et in denariis missalibus et in ostensionibus confessionum et in secundis legatis et in tofto, licet [*the entry ends here*].

[*Geoffrey de Eston, sub-deacon, presented by the Earl of Chester and Lincoln, guardian of the heir of Gilbert de Bolonia, is instituted to the mediety of the church of Stickford which M. de Cibeceia had held. He then resigns it for an annual payment of forty shillings.*]

STIKEFORD'.—Galfridus de Eston', subdiaconus, presentatus per R., Comitem Cestrie et Lincolnie, ratione custodie terre et heredis quondam Gilberti de Bolonia, ad medietatem ecclesie de Stikeford', quam M. de Cibeceia ultimo tenuit, facta prius inquisitione per R., Archidiaconum Lincolnie, per quam, etc., ad eandem admissus est medietatem, etc. Et injunctum est dicto Archidiacono Lincolnie, per quam, etc., ad eandem admissus est medietatem, etc. Et injunctum est dicto Archidiacono, presenti, ut, etc. Dictus, autem, Galfridus de licentia et in presentia domini Episcopi dictam medietatem concessit et dimisit ad firmam Willelmo, capellano de Luda, medietatis alterius rectori, pro quadraginta solidis singulis annis quoad ipsi G. et W. dictam rexerint ecclesiam dicto G. solvendis. Memoratus autem Willelmus interim omnia onera ordinaria dicte ecclesie incumbentia sustinebit.

[*Hugh de Wellingour, chaplain, presented by the Prior and Convent of Kyme, is instituted vicar of Metheringham. The vicarage is described.*]

METHERINGHAM VICARIA.—Hugo de Wellingour', capellanus, presentatus per Priorem et conventum de Kyma ad vicariam ecclesie de Methringham, facta prius inquisitione per R., Archidiaconum Lincolnie, per quam, etc., ad eandem admissus est cum onere et pena vicariorum, etc. Et mandatum est dicto Archidiacono ut, etc. Consistit, autem, ipsa vicaria in toto alteragio et in manso competenti assignato.

[*Bartholomew, sub-deacon, presented by William de Ros, is instituted to the church of Holton.*]

HOUTTON'.—Bartholomeus, subdiaconus, presentatus per Dominum Willelmum de Ros ad ecclesiam de Houton', facta prius inquisitione per R., Archidiaconum Lincolnie, etc., per quam, etc., ad eandem est [admissus]. Et mandatum est dicto Archidiacono ut, etc.

[*On the dorse :—*]

[*Ivo de Scarla, the cellarer, is elected and admitted Prior of Nocton.*]

[PRIORATUS DE NOKETON'.]—Frater Ivo de Scarla, quondam celerarius de Noketon', electus per conventum ibidem in Priorem de Noketon facta prius inquisitione per Magistros W. de Sancto Edmundo, thesaurarium, Robertum de Brincla, et W. de Lincolnia, canonicos Lincolnienses, de mandato domini Episcopi secundum articulos qui de electionibus hujusmodi consueverunt inquiri, interveniente etiam assensu Normanni de Arecy, ejusdem prioratus patroni, per que, etc., ad dictum prioratum admissus est, et in eo canonice Prior institutus. Et mandatum est Archidiacono Lincolnie ut circa installationem ipsius quod suum est exequatur, et injungat canonicis ibidem quod ei tanquam Priori suo decetero sint intendentes et obedientes.

[*Emma, nun of Nuncotham, is elected and admitted Prioress of the same.*]

[PRIORATUS DE COTUN.]—Soror Emma, monialis de Cotun, electa per Magistrum et conventum ibidem in Priorissam ejusdem loci, facta prius inquisitione per R., Archidiaconum Lincolnie, per quam, etc., ad eundem prioratum admissa est, et in ea canonice Priorissa instituta. Et mandatum est dicto Archidiacono ut circa installationem ipsius, etc.

[*On the face :—*]

ANNUS XXIII[US.]

[*William de Holebech, sub-deacon, presented by the Prior and Convent of Thurgarton, is instituted to the church of West Allington.*]

[ADELINGTON'.]—Willelmus de Holebech', subdiaconus, presentatus per Priorem et conventum de Thurgarton' ad ecclesiam de Adelington', facta prius inquisitione per R., Archidiaconum Lincolnie, per quam cum negotium esset in expedito, ad eandem ecclesiam admissus est, et in ea canonice persona institutus. Et mandatum est dicto Archidiacono ut ipsum W. in corporalem dicte ecclesie possessionem inducat.

[*Richard de Wassingburg, sub-deacon, presented by the Earl of Chester and Lincoln, is instituted to the mediety of the church of Toynton which Martin de Sybecay had held.*]

TOYNTON'.—Ricardus de Wassingburg, subdiaconus, presentatus per nobilem virum, Comitem Cestrie et Lincolnie, ad illam medietatem ecclesie de Toynton' que fuit Martini de Sybecay, facta prius inquisitione per R., Archidiaconum Lincolnie, per quam, etc., ad eandem admissus est, et in ea canonice persona institutus. Et mandatum est dicto Archidiacono ut, etc.

[*Matthew de Kelneseia, sub-deacon, presented by the Abbot and Convent of St. Martin, Séez, is instituted to the church of St. Mary, South Kelsey.*]

KELESIA.—Magister Matheus de Kelneseia in Houlderness', subdiaconus, presentatus per Abbatem et conventum Sancti Martini Sagiensis ad ecclesiam Sancte Marie de Kelesie, facta prius inquisitione per R., Archidiaconum Lincolnie, per quam, etc., ad eandem admissus est, etc. Et mandatum est dicto Archidiacono ut, etc.

[*Robert de Stanes, chaplain, presented by the Abbot and Convent of Waltham, is instituted to the church of Croxby.*]

CROXEBY.—Magister Robertus de Stanes, capellanus, presentatus per Abbatem et conventum de Waltham ad ecclesiam de Croxeby, facta prius inquisitione per R., Archidiaconum Lincolnie, per quam, etc., ad eandem admissus est, et in ea canonice persona institutus, cum onere ministrandi personaliter in eadem. Et mandatum est eidem Archidiacono ut, etc.

[*Adam de Steynton, chaplain, parson of one mediety of the church of Stainton-by-Langworth, presented by Ralph de Normanvill, is instituted to the other, now consolidated with the former.*]

STEYNTON'.—Adam de Steynton', capellanus, persona unius medietatis ecclesie de Steynton', presentatus per Radulfum de Normanvill' ad aliam medietatem ipsius ecclesie, facta prius inquisitione per R., Archidiaconum Lincolnie, per quam, etc., ad eandem medietatem consolidatam cum reliqua admissus est, et in ea canonice persona institutus, cum onere ministrandi personaliter in eadem. Et mandatum est eidem Archidiacono ut, etc.

[*William de Gretton, sub-deacon, presented by the Prior and Canons of Torksey, is instituted to the church of Wickenby. An annual payment of a mark is reserved to the Convent.*]

WYKINGBY.—Magister Willelmus de Gretton', subdiaconus, presentatus per Priorem et canonicos de Thorkeseya ad ecclesiam

de Wikingeby, facta prius inquisitione per R., Archidiaconum Lincolnie, per quam, etc., ad eandem admissus est, et in ea canonice
persona institutus ; salva inde dictis Priori et canonicis una marca
annua nomine perpetui beneficii per manus ipsius W. et successorum
suorum percipienda in duobus anni terminis, scilicet, dimidiam
marcam in festo Pentecostes et dimidiam marcam in festo Sancti
Martini. Et mandatum, etc. [*In the margin :*—] Desunt litere
presentationis.

[*Ishmael, chaplain, presented by the Earl of Chester and Lincoln, is instituted to
the church of Roughton.*]

RUCTON'.—Ismael de [*blank*], capellanus, presentatus per
Ranulfum, Comitem Cestrie et Lincolnie, ad ecclesiam de Ruchton',
facta prius inquisitione per R., Archidiaconum Lincolnie, per quam,
etc., ad eandem admissus est, etc. Et mandatum est eidem Archidiacono ut, etc.

[*Alexander Blundus, sub-deacon, presented by Henry de Marisco, is instituted to
the church of Theddlethorpe-All-Saints.*]

TETTLESTORP'.—Magister Alexander Blundus, subdiaconus,
presentatus per Henricum de Marisco ad ecclesiam de Tetlesthorp',
facta prius inquisitione per R., Archidiaconum Lincolnie, per
quam, etc., ad eandem admissus est sub pena Concilii. Et injunctum est dicto Archidiacono, presenti, ut, etc.

[*Richard de Paxton, sub-deacon, presented by the Abbot and Convent of Croyland,
is instituted to the church of Fordington.*]

FORDINTON'.—Ricardus de Paxton', subdiaconus, presentatus
per Abbatem et conventum Croyland' ad ecclesiam de Fordington',
facta prius inquisitione per R., Archidiaconum Lincolnie, per quam,
etc., ad eandem admissus est, etc. Et injunctum est dicto Archidiacono, presenti, ut, etc.

[*William de Gerpunvill, sub-deacon, presented by John de Gerpunvill, is instituted
to the church of East Torrington.*]

[E]ST TYRINTON'.—Willelmus de Gerpunvill', subdiaconus,
presentatus per Johannem de Gerpunvill' ad ecclesiam de Est
Tyrington', facta prius inquisitione per R., Archidiaconum Lincolnie, per quam, etc., ad eandem admissus est, etc. Et injunctum
est dicto Archidiacono ut, etc.

[*Augustine de Wycumb, sub-deacon, presented by William Lungespée, is instituted
to the church of Swaton.*]

[S]WAVETON'.—Augustinus de Wycumb', subdiaconus, presentatus per Willelmum Lungesp', ratione uxoris sue, ad ecclesiam de

Swaveton', facta prius inquisitione per R., Archidiaconum Lincolnie, per quam, etc., ad eandem admissus est, etc. Et injunctum
est dicto Archidiacono, presenti, ut, etc.

[*Richard de Heydur, chaplain, presented by the Abbot and Convent of St. Martin,
at Séez, is instituted to the church of St. Peter-ad-Placita, Lincoln.*]

[SANCTI P]ETRI AD PLACI[TA] LINCOLNIE.—Ricardus de
Heydur', capellanus, presentatus per Abbatem et conventum
Sancti Martini Sagienses ad ecclesiam Sancti Petri de Placitis
Lincolnie, facta prius inquisitione per R., Archidiaconum Lincolnie,
per quam, etc., ad eandem admissus est, et in ea canonice persona
institutus, cum onere ministrandi personaliter in eadem. Et mandatum est eidem Archidiacono ut, etc.

[*William, chaplain, presented by the Abbot and Convent of Séez, is instituted to
the church of St. Andrew, Boothby Graffoe. A payment is reserved to
Nicholas de Sancto Quintino.*]

[BOBY.]—Willelmus, capellanus, quondam rector ecclesie
Sancti Petri ad Placita Lincolnie, presentatus per Abbatem et
conventum Sagienses ad ecclesiam Sancti Andree de Boby, facta
prius inquisitione per R., Archidiaconum Lincolnie, per quam, etc.,
ad eandem admissus est, etc. ; salvis Magistro Nicholao de Sancto
Quintino centum solidis annuis de bonis ipsius ecclesie per dominum Episcopum, H. secundum, de assensu patronorum, ipsi assignatis auctoritate domini Pape Gregorii ix,[1] per manus dicti
Willelmi et successorum suorum, in festo Sancti Michaelis et ad
Pascha, singulis annis percipiendis, donec ei per dictum . . . . [?]
provideatur uberius,[2] qui quidem Nicholaus nichil ipsius ibidem sibi
poterit vendicare. Injunctum est etiam dicto Willelmo ut de
predictis centum solidis annuis dicto Magistro N., sub debito juramenti prestiti, satisfaciat ad terminos predictos sine difficultate.

[*Gerard de Belesb', sub-deacon, presented by Walter, son of Ivo de Belesb', is instituted to the fourth part of the church of Thorganby, which Hugh Blundus
had held.*]

[TORGAMBY] IIIIa [PARS].—Gerardus de Belesb', subdiaconus,
presentatus per Walterum, filium Yvonis de Belesb', ad illam
quartam partem in ecclesia de Torgamby quam Magister Hugo
Blundus ultimo tenuit in eadem, facta prius inquisitione per R.,

---

[1] "Auctoritate Domini Pape Gregorii ix" is inserted above the line in blacker ink.
[2] "Donec uberius", also so inserted.

Archidiaconum Lincolnie, per quam, etc., ad eandem quartam partem admissus est, etc. Et mandatum est eidem Archidiacono ut, etc.

[*Richard de Lincolnia, sub-deacon, presented by the Abbot and Convent of Bardney, is instituted to the church of Boultham.*]

BULTHAM.—Magister Ricardus de Lincolnia, subdiaconus, presentatus per Abbatem et conventum de Barden' ad ecclesiam de Bultham, facta prius inquisitione per R., Archidiaconum Lincolnie, per quam, etc., ad eandem admissus est, etc. Et mandatum est eidem Archidiacono ut, etc.

[*Hugh de Lund, sub-deacon, presented by the Abbot and Convent of Tupholme, is instituted to the sixth part of the church of All Saints, Brocklesby, which Richard had held.*]

BROKELESBY.—Hugo de Lund, subdiaconus, presentatus per Abbatem et conventum de Tupeholm' ad illam sextam partem ecclesie Omnium Sanctorum de Broclesby, quam Ricardus [*blank*] ultimo tenuit in eadem, facta prius inquisitione per∙ R., Archidiaconum Lincolnie, per quam, etc., ad eandem admissus est, etc. Et mandatum est eidem Archidiacono ut, etc.

[*Geoffrey de Oscumb, chaplain, presented by the Abbot and Convent of Grimsby, is instituted vicar of Clee. The vicarage is described.*]

CLEE.[1]—Magister Galfridus de Oscumb, capellanus, presentatus per Abbatem et conventum Grimesb' ad perpetuam vicariam ecclesie de Clee, facta prius inquisitione per R., Archidiaconum Lincolnie, per quam, etc., ad eandem admissus est, etc., cum onere et pena vicariorum. Et mandatum est eidem Archidiacono ut, etc. Consistit, autem, ipsa vicaria in oblationibus [M 11] die Natali Domini, die Pasche, die Sancte Trinitatis, die Purificationis, die Omnium Sanctorum, die Assumptionis Beate Marie, die Beati Thome Martiris, et dedicationis ecclesie, et in decimis vaccarum, aucarum, pullorum, vitulorum, et pullanorum, gallinarum et lini, casei, butiri, ovorum, et in apportu altaris panis et cervisie; et solvet vicarius tantum synodalia. Abbas autem et conventus predicti procurabunt Archidiaconum et omnia alia onera sustinebunt preter synodalia. Valet vicaria v marcas, preter panem et cervisiam ut in rotulo vicariarum. Item providebunt vicario de tofto.

---

[1] The later hand has added "vicarie ordinatio". There are several insertions in blacker ink in this entry.

[*Adam de Oxonia, sub-deacon, presented by the Prior and Convent of Bridlington, is instituted to the church of Goxhill.*]

GOUSLE.—Adam de Oxonia, subdiaconus, presentatus per Priorem et conventum de Bridlington' ad ecclesiam de Gousle, facta prius inquisitione per R., Archidiaconum Lincolnie, per quam, etc., ad eandem admissus est, etc. Et mandatum est eidem Archidiacono ut, etc.

[*William de Lexinton, chaplain, presented by the Prior and Convent of Shelford, is instituted vicar of a mediety of the church of Rauceby. The vicarage is described.*]

ROUCEBY.[1]—Willelmus de Lexinton', capellanus, presentatus per Priorem et conventum de Schelford' ad vicariam medietatis ecclesie de Rouceby, facta prius inquisitione per R., Archidiaconum Lincolnie, per quam, etc., ad eandem admissus est, etc., cum onere et pena vicariorum. Et mandatum est dicto Archidiacono ut, etc. Consistit, autem, dicta vicaria, in toto altaragio dicte medietatis cum manso competenti assignando et in terra pertinente ad dictam medietatem, de qua terra vicarius solvet annuatim xx solidos Priori et conventui predictis, et ipsi canonici procurabunt Archidiacono, et omnia onera alia sustinebunt preter synodalia tantummodo, que vicarius solvet. Valet vicaria v marcas per annum.

[*Gilbert de Yackele, presented by the Prior and Convent of Eye, is instituted to the mediety of the church of Welbourn which Warin de Muncy had held.*]

WELLEBORN'.—Magister Gilbertus de Yackele [*blank*], presentatus per Priorem et conventum de Eya ad illam medietatem ecclesie de Welleburn' quam Magister Warinus de Muncy ultimo tenuit, facta prius inquisitione per R., Archidiaconum Lincolnie, per quam, etc., ad eandem medietatem admissus est cum onere, etc. Et mandatum est dicto Archidiacono ut, etc.

[*Thomas de Steping, chaplain, presented by W., Archdeacon of Derby, and Hugh de Soteby, proctors for the Dean and Chapter of Lichfield, is instituted vicar of Thornton-by-Horncastle. The vicarage is described.*]

THORNETON'.[1]—Thomas de Steping', capellanus, presentatus per Magistros W., Dereb' Archidiaconum, et Hugonem de Soteby, procuratores Decani et Capituli Lichefeld' in hoc, ad vicariam ecclesie de Thorneton' per dominum Episcopum ordinatam, cum omnia essent in expedito, ad vicariam ipsam admissus est, etc., cum onere et pena vicariorum. Et mandatum est dicto Archidiacono ut, etc. Consistit, autem, ipsa vicaria in omnibus perti-

---

[1] The later hand has added "dotatio vicarie".

nentibus ad ecclesiam predictam preter decimas garbarum tantum, et in tofto et area ad eam assignatis. Et mandatum est Roberto, Archidiacono Lincolnie, ut, etc. Notandum quod vicarius solvet synodalia tantum.

[*Adam de Hal, chaplain, presented by Walter de la Land, is instituted to the fourth part of the church of Thorganby, which Walter de Coleby had held.*]

[T]ORGAMBY.[1]—Adam de Hal', capellanus, presentatus per Walterum de la Land' ad illam quartam partem quam Walterus de Coleby, capellanus, ultimo tenuit in ecclesia de Torgamby, facta prius inquisitione per R., Archidiaconum Lincolnie, per quam, etc., ad eandem admissus est, etc. Et mandatum est eidem Archidiacono ut, etc.

[*Elias de Heill, chaplain, presented by Brothers Sampson and Richard, proctors for the Prior and Convent of St. Barbara, is instituted to the church of Coleby.*]

[COLE]BY.—Helyas de Heill', capellanus, presentatus per fratres Sampsonem et Ricardum, procuratores Prioris et conventus Sancte Barbare in hoc, ad ecclesiam de Coleby, facta prius inquisitione per R., Archidiaconum Lincolnie, et receptis litteris domini Regis in forma subscripta, per que, etc., ad eandem ecclesiam admissus est, etc. Et mandatum est eidem Archidiacono ut, etc.

H., Dei gratia Rex Anglie, etc., Lincolniensi Episcopo salutem. Ostensum est nobis ex parte Prioris Sancte Barbare quod, cum idem Prior nuper in curia nostra coram justiciariis nostris apud Westmonasterium su[m]monitus esset, auditurus assisam ultime presentationis quam nos arainiavimus versus eum super advocatione ecclesie de Coleby, et nos eidem seisinam suam concessissemus de advocatione ejusdem ecclesie per Radulfum de Trublevill' qui placitum illud pro nobis sequebatur, vos distulistis admittere clericum ipsius Prioris ad eandem ecclesiam, eo quod mandatum nostrum non suscepistis de clerico suo admittendo. Et ideo vobis mandamus quod non omittatis ea occasione quin ad presentationem ipsius Prioris ad eandem ecclesiam idoneam personam admittatis. Teste, W. de Ralegh', apud Westmonasterium, viij die Novembris, anno regni nostri septimodecimo.

De Prebenda Boreali de Graham, Magistro Benedicto, domini Pape capellano, assignata, habetur in memorandis et inter negotia facta.

---

[1] The later hand has added "iiij[a] pars".

[*On the dorse :—*]

[*Geoffrey, sometime Prior of Markby, is admitted Abbot of Thornton.*]

[ABBATIA DE THORNETON'.]—Frater Galfridus, quondam Prior de Markeb', postulatus in Abbatem de Thorneton' per conventum ejusdem loci, Comitis de Alba Marla interveniente assensu, facta prius inquisitione per R., Archidiaconum loci, et alios sibi adjunctos, per quam, etc., secundum quod fieri solet in hujusmodi admissus est, et electus canonice confirmatus. Et mandatum est predicto Archidiacono, quod cum per dominum Conventrensem Episcopum, cui scriptum est pro munere sibi benedictionis impendendo litteras receperit, circa installationem ipsius quod ad officium suum pertinet exequatur.

[*Alan, chamberlain of Thornton, is admitted Prior of Markby.*]

[PRIORATUS DE MARKEBY.]—Frater Alanus, camerarius de Torneton', postulatus in Priorem de Markeby per canonicos ejusdem domus, Hugonis filii Radulfi assensu interveniente, facta prius inquisitione per R., Archidiaconum loci, secundum quod fieri solet in hujusmodi, per quam, etc., ad ipsum prioratum admissus est, et in eo canonice Prior institutus. Et mandatum est eidem Archidiacono quod circa installationem ipsius quod suum est exequatur, et canonicis ibidem quod ei tanquam Priori suo decetero sint intendentes et obedientes.

[*Walter, canon of Wilemerdel, presented by William de Albiniaco, is admitted Warden of the Hospital at Uffington.*]

[HOSPITALE DE UFFINTON'.]—Frater Walterus, canonicus de Wilemerdel, presentatus per Willelmum de Albiniaco ad regimen hospitalis de Uffinton', cum negotium esset in expedito, ad id admissus est, et canonice Magister institutus in eodem. Et injunctum est R., Archidiacono Lincolnie, presenti, ut, etc. [*In the margin :—*] Subdiaconus est.

[*John de Lincolnia, sometime canon of St. Augustine's, Grimsby, is elected by the Nuns and admitted Master of St. Leonard's, Grimsby.*]

[SANCTI LEONARDI DE GRIMESBY.]—Johannes de Lincolnia, quondam canonicus Sancti Augustini de Grimesby, electus per moniales Sancti Leonardi de Grimesby in magistrum earum, admissus est, et in eo, canonice Magister institutus. Et injunctum est R., Archidiacono Lincolnie, ut, etc.

[*On the face :—*]

ANNUS XXIIII[us].

[*Thomas de Keten, chaplain, presented by the Prior and Convent of Belvoir, is instituted vicar of Tallington. The vicarage is described.*]

TALINGTON'.—Thomas de Keten', capellanus, presentatus per Priorem et conventum de Belvero ad vicariam ecclesie de Talinton', facta prius inquisitione per R., Archidiaconum Lincolnie, per quam, cum negotium esset in expedito, ad eandem vicariam admissus est, et in ea canonice vicarius perpetuus institutus, cum onere et pena vicariorum. Et mandatum est dicto Archidiacono ut eundem Thomam in corporalem dicte vicarie possessionem inducat. Consistit, autem, ipsa vicaria in toto alteragio ejusdem ecclesie. Et valet per annum quinque marcas.

[*John de Ruddestein, sub-deacon, presented by the Prior and Convent of Bridlington, is instituted to the mediety of the church of Ferriby which Adam de Oxonia had held.*]

FERIBY.—Johannes de Ruddestein, subdiaconus, presentatus per Priorem et conventum de Bridlington' ad illam medietatem in ecclesia de Feriby quam Adam de Oxonia ultimo tenuit, facta prius [inquisitione] per R., Archidiaconum Lincolnie, per quam, etc., ad eandem medietatem admissus est, etc. Et mandatum est eidem Archidiacono ut, etc.

[*Thomas de Yolton, sub-deacon, presented by Walter Wildeker, is instituted to the church of Panton.*]

[P]ANTON'.—Thomas de Yolton, subdiaconus, presentatus per Walterum Wildeker, militem, ad ecclesiam de Panton', facta prius inquisitione per R., Archidiaconum Lincolnie, per,quam, etc., ad eandem ecclesiam admissus est, etc. Et mandatum est dicto Archidiacono ut, etc.

[*Ralph de Derchet, sub-deacon, presented by John de Jarpenvill, is instituted to the church of East Torrington.*]

[EST T]IRINGETON'.—Radulfus de Derchet, subdiaconus, presentatus per Johannem de Jarpenvill' ad ecclesiam de Estirinton', facta prius inquisitione per R., Archidiaconum Lincolnie, per quam, etc., ad eandem ecclesiam admissus est, etc. Et mandatum est eidem Archidiacono ut, etc.

[*John de Burgo, sub-deacon, presented by the Master of the Order of Sempringham and the Prior and Convent of Ormsby, is instituted to the church of Ludborough.*]

[LUDBU]RG'.—Johannes de Burgo, subdiaconus, presentatus per Magistrum Ordinis de Sempingeham et Priorem et conventum de Ormesby ad ecclesiam de Ludburg', cum negotium esset in expedito, ad eandem admissus est, etc. Et mandatum [est] R., Archidiacono Lincolnie, et Decano de Ludesh' sub disjunctione ut dictum J. in corporalem ipsius ecclesie possessionem inducant.

[*James de Neweton, chaplain, presented by the Master of the Order of Sempringham and the Prior and Canons of St. Katherine, Lincoln, is instituted vicar of Canwick.*]

[KANEW]YC.—Jacobus de Neweton', capellanus, presentatus per Magistrum Ordinis de Sempingeham et Priorem et conventum canonicorum Sancte Katerine Lincolnie ad perpetuam vicariam ecclesie de Kanewic, facta prius inquisitione per R., Archidiaconum Lincolnie, per quam, etc., ad eandem vicariam admissus est, etc., cum onere et pena vicariorum. Et mandatum est dicto Archidiacono ut, etc.

[*Simon de Cadomo, sub-deacon, presented by the Abbot and Convent of St. Sever, is instituted to the church of Greetham. The ancient pension is reserved to the monks.*]

GRETEHAM.—Simon de Cadomo, subdiaconus, presentatus per Abbatem et conventum Sancti Severi ad ecclesiam de Greteham', vacantem per resignationem Magistri Johannis de Cadomo, quondam Rectoris ejusdem, factam in manus domini Episcopi, facta prius inquisitione per R., Archidiaconum Lincolnie, per quam, etc., ad eandem admissus est, etc.; salva inde monachis antedictis debita et antiqua pensione. Et mandatum est eidem Archidiacono ut, etc. Facta autem fuit admissio predicta de consensu Johannis, Comitis Cestrie et Huntingdonie, salvo sibi jure suo imposterum, quod se protestatus est habere, super proprietate patronatus ecclesie memorate.

[*Ranulph de Thorn, chaplain, presented by the Abbot and Convent of Selby, is instituted vicar of Stallingborough. The vicarage is described.*]

STALINGBURG'.—Ranulfus de Thorn', capellanus, presentatus per Abbatem et conventum de Seleby ad vicariam ecclesie de Stalingburg', facta prius inquisitione per R., Archidiaconum Lincolnie, per quam, etc., ad eandem vicariam admissus est, etc., cum onere et pena vicariorum. Et mandatum est eidem Archidiacono ut, etc. Consistit, autem, ipsa vicaria in toto alteragio exceptis decimis provenientibus de curia Normanni de Arcy, et excepta medietate decime agnarum parrochie, quas Abbas predictus percipit.

[*Robert de Goseberdkirk, chaplain, presented by the Knights-Templars, is instituted to the mediety of the church of South Witham which Nicholas de Weston had held.*]

SUDWYM'.—Robertus de Goseberdkirk', capellanus, presentatus per fratrem Robertum de Saundford', Magistrum Fratrum Militie Templi in Anglia ad medietatem ecclesie de Sudwym', facta prius inquisitione per R., Archidiaconum Lincolnie, per quam, etc., ad eandem medietatem, scilicet ad illam quam Magister Nicholaus de Weston' ultimo tenuit, admissus est, et in ea canonice persona institutus, cum onere et pena vicariorum. Ita quod per hanc admissionem nichil juris accrescat vel decrescat eisdem fratribus in ecclesia predicta, vel in aliqua sui parte. Et mandatum est eidem Archidiacono ut, etc.

[*Hugh Pinchun, chaplain, presented by the Prioress and Convent of Appleton, is instituted vicar of Immingham. The vicarage is described.*]

IMMINGHAM.[1]—Hugo Pinchun, capellanus, presentatus per Priorissam et conventum de Appelton' ad vicariam ecclesie de Immingham', facta prius inquisitione per R., Archidiaconum Lincolnie, per quam, etc., ad eandem vicariam, etc., cum onere et pena vicariorum. Consistit, autem, ipsa vicaria in toto alteragio, salvis inde tribus partibus decime lane dictis monialibus, que de omnibus oneribus dictam ecclesiam contingentibus respondebunt, preterquam de synodalibus que vicarius solvet. Habebit, etiam, vicarius toftum quod vocatur Persone Croft'. Et mandatum est dicto Archidiacono ut, etc.

[*Hugh de Tointon, sub-deacon, presented by Henry de Tointon, is instituted to the mediety of the church of Toynton-St.-Peter, which Gilbert had held.*]

TOYNTON'.—Hugo de Tointon', subdiaconus, presentatus per Henricum de Tointon', militem, ad illam medietatem in ecclesia de Toynton' quam Gilbertus, clericus, ultimo tenuit, facta prius inquisitione per R., Archidiaconum Lincolnie, per quam, etc., ad eandem medietatem admissus est, etc. Et mandatum est eidem Archidiacono ut, etc. Et injunctum est eidem Hugoni, sub debito juramenti, quod scolas frequentet et addiscat.

[*Geoffrey de Luda, chaplain, presented by Robert Lupus, is instituted to the chapel in the Market Place at Castle Carlton.*]

[K]ARLETON'.—Galfridus de Luda, capellanus, presentatus per Robertum Lupum ad capellam sitam in foro de Karleton',

---

[1] The later hand has added "vicarie portio".

facta prius inquisitione per R., Archidiaconum Lincolnie, per quam etc., ad eandem admissus est, etc., cum onere et pena vicariorum. Et mandatum est eidem Archidiacono ut, etc.

[*John, chaplain, presented by the Abbot and Convent of Newhouse, is instituted vicar of Killingholme. The vicarage is described.*]

[KILV]INGHOLM'.[1]—Johannes [*blank*], capellanus, presentatus per Abbatem et conventum de Newehus ad vicariam ecclesie de Kilvingholm' facta prius inquisitione per R., Archidiaconum Lincolnie, per quam, etc., ad eandem admissus est, etc., cum onere et pena vicariorum. Et mandatum est eidem Archidiacono ut, etc. Consistit, autem, ipsa vicaria in toto altaragio, exceptis decimis agnorum, lane, butiri, casei, et primo legato. Valet sex marcas.

[*Geoffrey de Mumby, chaplain, presented by tne Prioress and Convent of Green-field, is instituted to the church of Beesby.*]

[BECH]EBY.—Galfridus de Mumby, capellanus, presentatus per Priorissam et conventum de Grenefeld' ad ecclesiam de Becheby, facta prius inquisitione per R., Archidiaconum Lincolnie, per quam, etc., ad eandem admissus est, etc., cum onere et pena vicariorum, ita, tamen, quod a festo Sancti Michaelis usque ad triennium stet in scolis et addiscat. Et mandatum est eidem Archidiacono ut, etc. Et notandum quod canonici de Markeby et moniales predicte tenentur alternatim ad eandem ecclesiam presentare.

[*Walter de Tatershal, chaplain, presented by the Prioress and Nuns of Appleton, is instituted to the church of St. Helen, North Elkington.*]

[NORTHELKI]NGTON'.—Walterus de Tatereshal', capellanus, presentatus per Priorissam et moniales de Appelton' ad vicariam ecclesie Beate Helene de Northelkinton', facta prius inquisitione per R., Archidiaconum Lincolnie, per quam, etc., ad eandem admissus est, etc., cum onere et pena vicariorum. Consistit, autem, ipsa vicaria in quarta garba decimarum omnium parrochianorum illius ecclesie, excepto dominico de Appelton' de quo nichil percipit, et in toto altalagio cum omnibus minutis decimis. Valet tres marcas et dimidiam. Et mandatum est eidem Archidiacono ut, etc.

[*Walter de Hauton, presented by Robert de Hauton, is instituted to the church of Halton Holegate.*]

HAUTON'.—Walterus de Hauton' [*blank*], presentatus per Robertum de Hauton' ad ecclesiam de Hauton', facta prius inquisi-

---

[1] The later hand has added "vicarie portio".

tione per R., Archidiaconum Lincolnie, per quam, etc., ad eandem admissus est, etc. Et mandatum est eidem Archidiacono ut, etc. Et injunctum est dicto W., sub debito juramenti, quod infra annum ab instanti festo Sancti Michaelis in subdiaconum promoveatur.

[Richard de Ascell', sub-deacon, presented by Robert de Tatteshal, is instituted to the church of Gunby.]

GUNNEBY.—Ricardus de Ascell', subdiaconus, presentatus per Robertum de Tatteshal' ad ecclesiam de Gunneby, facta prius inquisitione per R., Archidiaconum Lincolnie, per quam, etc., ad eandem admissus est, etc. Et mandatum est eidem Archidiacono ut, etc.

[Henry, chaplain, presented by the Abbot and Convent of Newhouse, is instituted vicar of Kirmington. The vicarage is described.]

KURNINGTON'.[1]—Henricus [*blank*], capellanus, presentatus per Abbatem et conventum de Newehus ad vicariam ecclesie de Kirnington', facta prius inquisitione per R., Archidiaconum Lincolnie, per quam, etc., ad eandem admissus est cum onere et pena vicariorum, etc. Et mandatum est eidem Archidiacono ut, etc. Consistit, autem, ipsa vicaria in toto altaragio, reddendo inde xx solidos per annum dictis Abbati et conventui, qui Archidiacono procurabunt et omnia alia onera sustinebunt. Et vicarius solvet tantummodo synodalia.

[Robert de Horbling, chaplain, presented by the Prior and Convent of Kyme, is instituted vicar of Swarby. The vicarage is described.]

SUAREBY.[1]—Robertus de Horbling', capellanus, presentatus per Priorem et conventum de Kyma ad vicariam ecclesie de Swarreby, facta prius inquisitione per R., Archidiaconum Lincolnie, per quam, etc., ad eandem admissus est, cum onere et pena vicario-rum. Et mandatum est eidem Archidiacono ut, etc. Consistit, autem, ipsa vicaria in toto altalagio et in decimis garbarum de terris quas Radulfus de Stikewaud excolit in eadem parrochia, et in tofto eidem vicario assignato; et solvet vicarius tantum sinodalia. Valet quinque marcas per annum.

[Gerard, chancellor of the Duke of Brittany, deacon, presented by the Duke, is instituted to the church of Washingborough.]

WASINGB'.—Gerardus, tunc cancellarius Ducis Britanie, dia-conus, presentatus per nobilem virum, Ducem Britanie, Comitem Richemontis, ad ecclesiam de Wasingb', facta prius inquisitione per Officialem Archidiaconi Lincolnie, Archidiacono agente in remotis,

---

[1] The later hand has added "vicarie portio".

per quam, etc., ad eandem admissus est, etc. Et mandatum est dicto Archidiacono ut, etc.

[*William de Haill, sub-deacon, presented by Nicholas de Piseley, after a dispute about the patronage, is instituted to the church of Willingham.*]

WYLINGHAM.—Willelmus de Haill', subdiaconus, presentatus per Nicholaum de Piseley, ratione uxoris sue, ad ecclesiam de Wollingham, facta prius inquisitione per Officialem predictum, et receptis literis domini Regis continentibus quod, cum Nicholaus de Piseley et Amabilia, uxor ejus, sum[m]oniti essent coram justiciariis ad hoc assignatis apud Lincolniam ad respondendum Alexandro de Hilton' quare non permiserunt eum presentare idoneam personam ad ecclesiam de Wolingham, ipsi N. et A. venerunt cora[m] justiciariis prefatis et sufficienter ostenderunt quod ipsi injuste non impediverunt ; unde consideratum fuit quod ipsi N. et A. hac vice recuperaverunt presentationem suam ad ecclesiam antedictam; et ideo quod non obstante reclamatione ipsius Alexandri, ad presentationem ipsorum N. et A. ad eandem ecclesiam idonea persona admitteretur, per que, etc., ad dictam ecclesiam admissus est, etc. Et mandatum est Archidiacono Lincolnie ut, etc.

[*Geoffrey de Bekigham, chaplain, presented by the Knights-Templars, Thomas, deacon, having renounced his claim, is instituted vicar of Aslackby.*]

[ASLA]KEBY.—Galfridus de Bekigham, capellanus, presentatus per Fratrem Robertum de Sanford', ministrum Militie Templi in Anglia, ad vicariam ecclesie de Aselakeby, facta prius inquisitione per Archidiaconum Lincolnie, per quam, etc., Thoma, diacono, prius presentato ad eandem, juri suo simpliciter et absolute renunciante, ad eandem est admissus, etc., cum onere et pena vicariorum, etc. Et mandatum est dicto Archidiacono ut, etc.

[*Gilbert de Folebeke, chaplain, presented by the Abbot and Convent of Newhouse, is instituted vicar of East Halton.*]

[HALTON'.]—Gilebertus de Folebeke, capellanus, presentatus per Abbatem et conventum de Neuhus ad vicariam ecclesie de Halton', facta prius inquisitione per R., Archidiaconum Lincolnie, per quam, etc., ad eandem vicariam admissus [est], et in ea cum onere et pena vicariorum, etc. Et mandatum est dicto Archidiacono ut, etc. ; provisurus quod dicte vicarie mansus assignetur.

[*Norman de Monte Alto, sub-deacon, presented by Roger de Monte Alto, is instituted to the church of Harmston.*]

[HERMESTO]N'.—Normannus de Monte Alto, subdiaconus, presentatus per Rogerum de Monte Alto ad ecclesiam de Hermeston', facta prius inquisitione per R., Archidiaconum Lincolnie, per quam, etc., ad eandem admissus est, etc. Et mandatum est eidem Archidiacono ut, etc.

[*Richard de Wyverton, sub-deacon, presented by Roger de Monte Alto, is instituted to the church of St. Mary, Mablethorpe.*]

[MA]UBERTHORP'.—Ricardus de Wyverton', subdiaconus, presentatus per Rogerum de Monte Alto ad ecclesiam Beate Marie de Maubertorp', facta prius inquisitione per R., Archidiaconum Lincolnie, per quam, etc., ad eandem admissus est, etc. Et mandatum est eidem Archidiacono ut, etc.

[*Philip de Wyleweby, sub-deacon, presented by Robert de Wileby, is instituted to the church of Hogsthorpe.*]

HOGGESTHORP'.—Phillippus de Wyleweby, subdiaconus, presentatus per Robertum de Wileby ad ecclesiam de Hoggestorp', facta prius inquisitione per R., Archidiaconum Lincolnie, per quam, etc., ad eandem admissus est, etc. Et mandatum est eidem Archidiacono ut, etc.

[*Robert de Anlauby, presented by William de Ros, is instituted to the church of Wragby.*]

[WRAGGEBY.]—Robertus de Anlauby [*blank*], presentatus per Willelmum de Ros, militem, ad ecclesiam de Wraggeby,[1] postquam literas suas, per obreptionem obtentas ut asseruit per Willelmum de Ew', clericum, domino Episcopo porrectas expresse revocaverat, facta prius inquisitione per R., Archidiaconum Lincolnie, et sententia contra dictum W. lata pro dicto R. ipsum, videlicet, in jure fuisse potiorem, per que negotium, etc., ad eandem ecclesiam admissus est, etc. Et mandatum est dicto Archidiacono ut, etc. Injunctum est dicto R., sub pena beneficii sui amittendi, quod ad ordines celebrandos proximo post Pascha, anno Domini M° CC° xxxiiij, veniat in subdiaconum ordinandus, et sic scriptum est Archidiacono Lincolnie.

[*Hugh de Colstword, chaplain, presented by the Master of the Order of Sempringham and the Priors and Convents of St. Katherine, Lincoln, and Bullington, is instituted vicar of Friskney.*]

FRYSKENAY.—Hugo de Colstword', capellanus, presentatus per Magistrum Ordinis de Simpligham et Priores et conventus Sancte Katerine Lincolnie et de Bolington ad vicariam de

---

[1] "Ad ecclesiam de Wraggeby" is added in the margin.

Friskeney, facta prius inquisitione per R., Archidiaconum Lincolnie, per quam, etc., ad eandem admissus est, cum onere et pena vicariorum, etc. Et mandatum est dicto Archidiacono ut, etc.

[*Richard de Leicestria, deacon, is collated to the church of St. Paul-by-the-Castle, Lincoln.*]

ECCLESIA SANCTI PAULI JUXTA CASTRUM LINCOLNIE.— Ricardus de Leicestria, diaconus, cui dominus Episcopus ecclesiam Sancti Pauli juxta Castrum Lincolnie auctoritate contulit Concilii, ad eandem admissus est, etc., cum onere et pena vicariorum ; salvo jure cujuslibet, cum eam alias vacare contigerit. Et mandatum est Archidiacono Lincolnie ut, etc.

[Mem. 12.]

ANNUS XXV^{us}.

[*Nicholas de Mandevill, presented by the Prior and Convent of Spalding, is instituted to the church of Sibsey.*]

[CYBECEY.]—Nicholaus de Mandevill' [*blank*], presentatus per Priorem et conventum Spalding' ad ecclesiam de Cybecey, cum omnia essent in expedito, ad eandem admissus est, et in ea canonice persona institutus. Et mandatum est Roberto, Archidiacono Lincolnie, ut eundem N. in corporalem ipsius ecclesie possessionem induci faciat.

[*Hugh de Mandevill, presented by the Prior and Convent of Markby, is instituted to the church of Mumby.*]

[MUM]BY.—Hugo de Mandevill' [*blank*], presentatus per Priorem et conventum de Markeby ad ecclesiam de Mumby, cum omnia essent in expedito, ad eandem admissus est, etc. ; salvis inde patronis ipsis quadraginta solidis annuis sibi per dominum Episcopum et Capitulum suum Lincolnie concessis et confirmatis. Et mandatum est dicto Archidiacono ut, etc.

[*William de Ingoldemel is collated to the church of Carlton. An annual payment of twelve marks is reserved to the altar of St. Hugh.*]

KARLETON'.—Willelmus de Ingoldemel' [*blank*], cui dominus Episcopus, patronus ecclesie de Karleton', ecclesiam ipsam contulit, cum omnia essent in expedito, ad eandem admissus est, etc. ; salvis inde duodecim marcis annuis in festo Sancti Martini et festo Pentecostes Lincolnie solvendis, ad opus capellanorum et clericorum ad altare Beati Hugonis pro defunctis ministrantium, secundum quod in ecclesia domini Episcopi H. secundi et Capituli sui Lincolniensium plenius continetur. Et mandatum est R., Archidiacono Lincolnie, ut, etc.

[*Roger de Neweton, sub-deacon, presented by Hawisia de Quency, Countess of Lincoln, is instituted to the church of Winceby.*]

WYNCEBY.—Rogerus de Neweton', subdiaconus, presentatus per Hawisiam de Quency, Comitissam Lincolnie, ad ecclesiam de Winceby, facta prius inquisitione per Robertum, Archidiaconum Lincolnie, per quam negotium fuit in expedito, ad eandem ecclesiam admissus est, etc. Et mandatum est eidem Archidiacono ut, etc.

[*Matthew de Reveston, chaplain, presented by the Prior and Convent of Kyme, is instituted vicar of Croft. The vicarage is described.*]

CROFT'.[1]—Matheus de Reveston', capellanus, presentatus per Priorem et conventum de Kyma ad vicariam ecclesie de Croft', facta prius inquisitione per R., Archidiaconum Lincolnie, per quam, etc., ad eandem vicariam admissus est, et in ea canonice vicarius institutus, cum onere et pena vicariorum. Et mandatum est dicto Archidiacono ut, etc. Consistit, autem, ipsa vicaria in toto alteragio exceptis decimis casei et butiri.

[*Walter de Horbling, chaplain, presented by the Prioress and Convent of Stainfield, is instituted to the church of Somerby.*]

SUMEREDEBY.—Walterus de Horbling', capellanus, presentatus per Priorissam et conventum de Steinfeld' ad ecclesiam de Sumeredeby, facta prius inquisitione per R., Archidiaconum Lincolnie, per quam, etc., ad eandem admissus est, et in ea canonice persona institutus. Cui injunctum est, sub debito juramenti prestiti, ne monialibus ipsis aliquam pensionem solvat de ecclesia ipsa donec domino Episcopo constiterit ipsam esse debitam et antiquam. Et mandatum est eidem Archidiacono ut, etc.

[*John de Berleston, chaplain, presented by the Prior and Convent of Thurgarton, is instituted vicar of Kirkby Green. The vicarage is described.*]

THURGARTON'[2] [*sic*].—Johannes de Berleston', capellanus, presentatus per Priorem et conventum de Turgarton' ad vicariam ecclesie de Kirkeby, facta prius [inquisitione] per R., Archidiaconum Lincolnie, per quam, etc., ad eandem admissus est, etc., cum onere et pena vicariorum. Et mandatum est eidem Archidiacono ut, etc. ; et ut ipsi J. mansum competentem faciat assignari. Consistit, autem, ipsa vicaria in una bovata terre arabilis, et in decimis xxxj bovatarum terre, et in toto altaragio ipsius ecclesie et in tofto assignando.

---

[1] The later hand has added " portio vicarie".
[2] The second hand has added " Kirkeby ope grene dotatio vicarie".

[*Gilbert de Sixle, chaplain, presented by the Prior and Convent of Sixhills, is instituted vicar of North Willingham. The vicarage is described.*]

WYVELINHAM.[1]—Gilbertus de Sixle, capellanus, presentatus per Priorem et conventum de Sixl' ad vicariam ecclesie de Wyvelingeham, facta prius inquisitione per Robertum, Archidiaconum Lincolnie, per quam, etc., ad eandem vicariam admissus est, cum onere et pena vicariorum, etc. Et mandatum est eidem Archidiacono ut, etc. Consistit, autem, ipsa vicaria in toto altalagio, et in omnibus decimis croftorum excepta decima lini.

[*Brice, chaplain, presented by the Prior and Convent of Catley, is instituted vicar of Digby. The vicarage is described.*]

DIGEBY.[2]—Bricius, capellanus, presentatus per Priorem et conventum de Cattel' ad vicariam ecclesie de Digeby, facta prius inquisitione per R., Archidiaconum Lincolnie, per quam, etc., ad eandem vicariam admissus est, cum onere et pena vicariorum, etc. Et mandatum est eidem Archidiacono ut, etc. Consistit, autem, ipsa vicaria in toto altalagio, excepto primo legato mortuorum et decima lini. Et estimatur iij marcis.

[*John de Tetelthorp, chaplain, presented by William de Billeby, is instituted to the church of St. Mary, Bilsby.*]

[BILL]EBY.—Johannes de Tetelthorp', capellanus, presentatus per Willelmum de Billeby, militem, ad ecclesiam Sancte Marie de* Billeby, facta prius inquisitione per R., Archidiaconum Lincolnie, per quam, etc., ad eandem admissus est, et in ea canonice persona institutus. Et mandatum est eidem Archidiacono ut, etc.

[*John Cottby, sub-deacon, presented by the Abbot and Convent of St. Mary, York, is instituted to the church of St. Peter-at-the-Fountain, Lincoln.*]

[SANCTI] PETRI AD [FONTEM] LINCOLNIE.—Johannes Cottby, subdiaconus, presentatus per Abbatem et conventum Sancte Marie Eboraci ad ecclesiam Sancti Petri ad Fontem in Lincolnia, facta prius inquisitione per R., Archidiaconum Lincolnie, per quam, etc., ad eandem admissus est, et in ea canonice persona institutus. Et mandatum est eidem Archidiacono ut, etc.

[*Brian Haunsard, sub-deacon, presented by John Hansard, is instituted to the church of Thornton-le-Moor.*]

[THORNE]TON'.—Brianus Haunsard', subdiaconus, presentatus per Johannem Hansard', militem, ad ecclesiam de Thorneton',

---

[1] The second hand has added "vicarie portio".
[2] The later hand has added "portio vicarie".

facta prius inquisitione per R., Archidiaconum Lincolnie, per quam, etc., ad eandem ecclesiam admissus est, et in ea canonice persona institutus. Et mandatum est eidem Archidiacono ut, etc.

[*William de Mapertorp, chaplain, presented by the Abbot and Convent of Markby, is instituted vicar of Holy Trinity, Bilsby. The vicarage is described.*]

[BILESBY.]—Willelmus de Mapertorp', capellanus, presentatus per Priorem et conventum de Markeby ad vicariam Sancte Trinitatis de Bilesby, facta prius inquisitione per R., Archidiaconum Lincolnie, per quam, etc., ad eandem vicariam admissus est, etc., cum onere et pena vicariorum. Et mandatum est eidem Archidiacono ut, etc. Consistit, autem, ipsa vicaria in toto altalagio, et in omnibus decimis illius ecclesie preter decimas garbarum, et in tofto assignato et competenter edificato, et respondebit vicarius de synodalibus, et canonici alia onera ordinaria debita et consueta omnia sustinebunt. Valet vicaria v marcas annuatim.

[*John de Levessingham, sub-deacon, presented by Margery Foliot, is instituted to a pension of four marks in that portion of the church of Leasingham which Alan holds.*]

[LEVESING]HAM.—Johannes de Levessingham, subdiaconus, presentatus per Margeriam Foliot ad pensionem quatuor marcarum illius portionis quam Magister Alanus tenet in ecclesia de Levessingham, facta prius inquisitione per R., Archidiaconum Lincolnie, per quam, etc., admissus est, et in ea canonice persona institutus est; salva dicto Magistro A., quamdiu vixerit, vicaria sua quam habet in eadem. Et mandatum [est] dicto Archidiacono ut, etc. Injunctum est dicto J., sub pena amittendi beneficium, quod scolas frequentet et addiscat.

[*Peter, nephew of B., Papal Chamberlain, presented by Boecius, on behalf of the said Chamberlain, is instituted to the chapel of Barkston.*]

BARKESTON'.—Petrus, nepos Magistri B., domini Pape camerarii, clericus, presentatus per Magistrum Boecium, familiarem domini Pape, nomine dicti camerarii, ad capellam de Barkeston', ratione prebende borealis apud Graham quam habet, facta prius inquisitione per R., Archidiaconum Lincolnie, per quam, etc., ad eandem admissus est, et in ea canonice persona institutus per Willelmum, cursorem domini Pape, procuratorem ad hoc datum. Teste, domino Bathoniensi. Et mandatum est dicto Archidiacono ut dictum Petrum per procuratorem suum in corporalem, etc.

[*Robert de Weledon, chaplain, presented by Thomas, the parson, is instituted vicar of Gedney. The vicarage is described.*]

GEDEN'.[1]—Robertus de Weledon', cappellanus, presentatus per Thomam, personam de Geden', ad vicariam ecclesie de Geden', de consensu Abbatis et conventus Croland', ejusdem ecclesie patronorum, facta prius inquisitione per R., Archidiaconum Lincolnie, per quam, etc., ad eandem vicariam admissus est, et in ea canonice vicarius perpetuus institutus, cum onere et pena vicariorum. Et mandatum est eidem Archidiacono ut, etc. Consistit, autem, ipsa vicaria in toto altalagio, et in omnibus aliis obventionibus preter decimam feni provenientem de dominico ejusdem ville, et in quatuor acris terre eidem assignatis pro tofto. Valet ipsa vicaria xv marcas. Vicarius sustinebit omnia onera ejusdem ecclesie debita et consueta preter hospitium Archidiaconi.

[*Ralph de Rowell, sub-deacon, presented by William Haunselin to one mediety, and by Gilbert de Arches to the other, is instituted to the church of Wrawby. An arrangement is made with regard to future patronage.*]

WRAGEBY.—Radulfus de Rowell', subdiaconus, presentatus per Willelmum Haunselin ad unam medietatem et per Gilbertum de Archis ad aliam medietatem ecclesie de Wragheby, facta prius inquisitione per R., Archidiaconum Lincolnie, per quam, etc., ad eandem admissus est ecclesiam, etc. Et mandatum est eidem Archidiacono ut, etc. Convenit, autem, inter dictos presentatores quod, quia dictus W. ipsum clericum hac vice primo nominavit, ille quem dictus G. vel ejus heres nominabit cum ecclesiam ipsam alias vacare contigerit, sine difficultate qualibet per eosdem W. et G. aut eorum heredes presentabitur, et ita deinceps alternis vicibus clericum nominabunt ad ecclesiam antedictam presentandum; vel uterque eorum unus post alium alternatim, ut dictum est, ad ecclesiam ipsam quem voluerit presentabit.

[*Absalom, chaplain, presented by the Master and Convent of Nun-Cotham, is instituted vicar of Cuxwold. The vicarage is described.*]

COKEWAD.[1]—Absalon, capellanus, presentatus per Magistrum et conventum de Cotun ad vicariam ecclesie de Cukewaud', facta prius inquisitione per R., Archidiaconum Lincolnie, per quam, etc., ad eandem vicariam admissus est, et in ea canonice vicarius perpetuus institutus, cum onere et pena vicariorum. Et mandatum est eidem Archidiacono ut, etc. Consistit, autem, ipsa vicaria in toto altalagio preter linum, et in manso competente. Et valet v^{que} marcas per annum.

---

[1] The second hand has added "dotatio vicarie".

[*Henry, Dean of Gartree, presented by the Prior and Convent of Trentham, after a dispute about the patronage, is instituted to the church of Stenigot.*]

STEININGHO.—Henricus, Decanus de Geretre, capellanus, presentatus per Priorem et conventum de Trentham ad ecclesiam de Steiningho, facta prius inquisitione per R., Archidiaconum Lincolnie, et receptis litteris domini Regis continentibus quod, cum assisa ultime presentationis summonita esset in curia sua coram justiciariis suis apud Westmonasterium inter Hugonem Wak', petentem, et Priorem de Trentham, deforciantem, de advocatione ipsius ecclesie, idem H. venit in eadem curia et remisit et quietum clamavit de se et heredibus suis predicto Priori et successoribus suis, et ecclesie sue de Trentham, totum jus et clamium quod habuit in predicta advocatione imperpetuum, per que, etc., ad eandem ecclesiam admissus est dictus H., et in ea canonice persona institutus. Et mandatum est eidem Archidiacono ut, etc.

[*William de Suwell, chaplain, presented by the Prior and Convent of Thurgarton, is instituted vicar of Timberland. The vicarage is described.*]

[TIM]BERLOUND'.[1]—Willelmus de Suwell', capellanus, presentatus per Priorem et conventum de Turgarton' ad vicariam ecclesie Timberlund', vacantem per resignationem Willelmi de Fulebec, quondam vicarii ibidem, facta prius inquisitione per R., Archidiaconum Lincolnie, per quam, etc., ad eandem vicariam admissus est, etc., cum onere et pena vicariorum. Et mandatum est eidem Archidiacono ut, etc. Consistit, autem, ipsa vicaria in tertia parte omnium decimarum tam in garbis quam aliis minoribus decimis ejusdem ecclesie, et in manso edificato. Valet communibus annis x marcas et amplius.

[*Roger de Rokelund, presented by the Prior of Burwell, is instituted to the church of Walmsgate.*]

[2] WALMESGRAVE.—Rogerus de Rokelund' [*blank*], presentatus per Priorem de Burewell' ad ecclesiam de Walmesgrave, facta prius inquisitione per R., Archidiaconum Lincolnie, per quam, etc., ad eandem admissus est, etc., cum onere et pena vicariorum. Et mandatum est eidem Archidiacono ut, etc.

[*William de Haringeb', chaplain, presented by the Abbot and Convent of Croyland, is instituted vicar of Butterwick.*]

BUTTREWIK'.—Willelmus de Haringeb', capellanus, presentatus per Abbatem et conventum Croiland', de assensu Prioris et

---

[1] The second hand has added "portio vicarie".

[2] From here to the end the roll is much defaced and torn, and in places it is illegible.

conventus de Freston', ad vicariam ecclesie de Buttrewik', facta prius inquisitione per R., Archidiaconum Lincolnie, per quam, etc., ad eandem admissus est, cum onere et pena vicariorum. Et mandatum est eidem Archidiacono ut, etc.

[*Roger de Lafford, presented by the Prior and Convent of Kyme, is instituted vicar of Osbournby.*]

[OSBERNEB'.]—Rogerus de Lafford' [*blank*], presentatus per Priorem et conventum de Kima ad vicariam ecclesie de Osberneb', facta prius inquisitione per R., Archidiaconum Lincolnie, per quam, etc., ad eandem admissus est, cum onere et pena vicariorum, et ut sub debito juramenti sui ad proximos ordines veniat in subdiaconum ordinandus. Et mandatum est eidem Archidiacono ut ipsum in corporalem ipsius vicarie possessionem inducat; que consistit in . . . . pertinentibus. Et solvet vicarius synodalia tantum. Et valet vicaria c solidos.

[*William de Ferendon, chaplain, presented by Thomas de Ebleburne, the canon, is instituted vicar of the* Prebenda Australis *of Grantham.*]

[PREBENDA AUSTRALIS DE GRAHAM'.]—Willelmus de Ferendon', capellanus, presentatus per Magistrum Thomam de Ebleburne, canonicum prebende australis de Graham, ad vicariam ipsius prebende, facta prius inquisitione per R., Archidiaconum Lincolnie, per quam, etc., ad eandem admissus est, cum onere et pena vicariorum, consistentem ut supra in institutione Ricardi de Newerch', anno xvj. Et mandatum est eidem Archidiacono ut, etc.

[*Gerard de Tablur, presented by the aforesaid Thomas de Ebleburne, is instituted to the church of Harlaxton.*]

[HERLAVESTON'.]—Gerardus de Tablur, presentatus per predictum Magistrum Thomam de Ebleburne, canonicum australis prebende de Graham, ad ecclesiam de Herlaveston', facta prius inquisitione per R., Archidiaconum Lincolnie, per quam, etc., ad eandem admissus est, et in ea canonice persona institutus. Et mandatum est eidem Archidiacono ut, etc.

[*John de Torneton, sub-deacon, presented by William, son of Ernest de Neuton, is instituted to the church of Newton.*]

[NEUTON'.]—Johannes de Torneton', subdiaconus, presentatus per Willelmum, filium Ernisii de Neuton', ad ecclesiam de Neuton', facta prius inquisitione per R., Archidiaconum Lincolnie, per quam, etc., ad eandem admissus est, etc. Et injunctum est eidem ut scolas frequentet et addiscat. Et mandatum est eidem Archidiacono ut, etc.

[*Thomas de Karleton, chaplain, presented by Haco de Maubertorp, after a dispute about the patronage, is instituted to the church of St. Peter, Mablethorpe.*]

[SANCTI PETRI DE MAUBERTORP'.]—Thomas de Karleton', capellanus, presentatus per Haconem de Maubertorp' ad ecclesiam Sancti Petri de Maubertorp', facta prius inquisitione per R., Archidiaconum Lincolnie, et receptis litteris domini Regis continentibus quod cum Haco de Maubertorp' in curia domini Regis coram justiciariis suis itinerantibus apud Lincolniam arainiasset assisam ultime presentationis versus Rogerum de Monte Alto de ecclesia Sancti Petri de Maubertorp', que vacabat, et ad suam spectabat donationem, ut dicebat, idem Rogerus venit in eadem curia sua et remisit et quietum clamavit de se et heredibus suis eidem Haconi totum jus et clamium quod habuit in advocatione predicte ecclesie imperpetuum, per que, etc., ad eandem ecclesiam admissus est, cum onere ministrandi personaliter in eadem. Et mandatum est dicto Archidiacono ut, etc.

[*Ivo de Thedeltorp, chaplain, presented by the Master, Prioress, and Nuns of St. Mary, Legbourne, is instituted vicar of Farlsthorpe. The vicarage is described.*]

[. . . ELTORP'.]—Ivo de Thedeltorp, capellanus, presentatus per Magistrum, Priorissam et moniales Beate Marie de Lekeburne ad vicariam ecclesie de . . . eltorp, facta prius inquisitione per R., Archidiaconum Lincolnie, per quam, etc., ad eandem admissus est cum onere et pena vicariorum. Consistit, autem, ipsa vicaria in toto alteragio, et in tota terra pertinente ad ipsam ecclesiam, et in tofto edificato, et in medietate decimarum fenorum de dominico prato Willelmi de Far . . . . . Et mandatum est eidem Archidiacono ut, etc.

[*William de Wyern', chaplain, presented by William de Welle, is instituted to the chapel of Well.*]

WELLE.—Willelmus de Wyern', capellanus, presentatus per Willelmum de Welle ad capellam de Welle, facta prius inquisitione per R., Archidiaconum Lincolnie, per quam, etc., ad eandem admissus est, cum onere et pena vicariorum. Et mandatum est eidem Archidiacono ut, etc.

[*John de Normanton, presented by the Prior and Convent of Durham, after a dispute about the patronage, is instituted to the church of Biscathorpe.*]

[BISCOPETORP'.]—Johannes de Normanton' [*blank*], presentatus per Priorem et conventum Dunelm' ad ecclesiam de Biscopetorp', facta prius inquisitione per R., Archidiaconum Lincolnie, et receptis litteris domini Regis continentibus quod cum assisa ultime presentationis summonita fuisset in curia sua apud Blyam coram dilectis . . . . suis Roberto de Lexinton et Willelmo de Elm . . . . justiciariis suis ad hoc constitutis, inter Walterum Bek', petentem, et Thomam, Priorem Dunolm', deforciantem, de ecclesia de Bissopetorp', idem Walterus venit in eadem curia sua [et] recognovit advocationem ejusdem ecclesie cum pertinentiis esse jus ipsius Prioris et ecclesie sue Dunolm', et illam remisit et quietum clamavit de se et heredibus suis eidem Priori et successoribus suis, ... ecclesie sue Dunolm' imperpetuum, per que, etc., ad eandem admissus est, cum onere et pena vicariorum, et ut veniat in presbiterum ordinandus.   Et mandatum est eidem Archidiacono ut, etc.

[*A chaplain, presented by the Prior of Burwell, is instituted vicar of Authorpe.*]

[HAGETORP'.]—. . . . . n', capellanus, presentatus per Priorem de Burwell' ad vicariam ecclesie de Hagetorp, facta prius inquisitione per R., Archidiaconum Lincolnie, per quam [etc., ad eandem admissus] est, cum onere et pena vicariorum.   Et mandatum est eidem Archidiacono ut.

[*On the dorse :—*]

[*Oath of canonical obedience of Reginald, Abbot of St. Nicholas, Angers.*]

Anno gratie M^{mo} CC^{mo} xxxiiij^{to}, die Lune proxima post festum Sancti Johannis ante Portam Latinam, scilicet, viij idus Maii, Reginaldus, Abbas Sancti Nicholai Andegavie, inspectis sacrosanctis, juravit domino Lincolniensi Episcopo, Hugoni secundo, successoribus et Officialibus suis, obedientiam canonicam, ut moris est.   Presentibus Waltero, Thesaurario Lincolnie, Warino et Roberto, capellanis, Magistro Roberto de Hynkeleya, et aliis. Actum apud Stowe in nova camera dicti domini Episcopi eo sedente ante lectum suum in cathedra et circa horam primam [*the entry ends here*].

INDEX TO VOLUME III.

The Canterbury and York Society.

GENERAL EDITOR: REV. F. N. DAVIS.

DIOCESE OF LINCOLN.

VOL. III.

CANTERBURY AND YORK SERIES, VOL. IV.

Rotuli Hugonis de Welles,

EPISCOPI LINCOLNIENSIS,

A.D. MCCIX—MCCXXXV.

VOLUME III.

EDITED BY THE

REV. F. N. DAVIS, B.A.,

Rector of Crowell, Oxon.

London:

ISSUED FOR THE CANTERBURY AND YORK SOCIETY

AT 124, CHANCERY LANE.

MDCCCCVIII.

NOTE.

———

THE pages contained in this volume complete the Rolls of Hugh de Welles. The work of preparing them for the press has been performed by the General Editor, who has received, and desires to acknowledge, much valuable assistance. The Rev. H. E. Salter, M.A., has kindly collated many of the transcripts with their original; Prebendary Hingeston-Randolph has read most of the pages in type, and, while detecting some errors, offered very useful suggestions, which, however, could only be followed as far as the plan of the work allowed. The Rev. W. O. Massingberd, M.A., examined the identifications of all the Lincolnshire names, and supplied many modern equivalents to the old forms—an undertaking only possible to one thoroughly at home in Lincolnshire topography. To each of these authorities thanks are offered for contributing to Volume III much of the accuracy and usefulness which it is hoped it will be found to possess.

CONTENTS.

———